CANTIQUE POUR NATHANAËL

« *Espaces libres* »

DU MÊME AUTEUR

Poésie

Mers et Terres (Euroéditeur, 1988).
Aigles et palombes au survol de la mer (Éd. de l'Eau, 1989).

Théâtre

Procès à Jérusalem (Jésus devant ses juges), Le Cerf, 1980.

Essais

La Création de l'État d'Israël, thèse de doctorat en droit, Université de Paris, novembre 1948.
La condition juridique de l'Israélite marocain, préface de René Cassin, Paris, 1950.
Théodore Herzl, inventeur de l'État d'Israël, Le Seuil, 1960.
L'Alliance israélite universelle et la Renaissance juive contemporaine 1860-1960, P.U.F., 1965.
Les Juifs, dialogue avec le cardinal Daniélou, Beauchesne, 1966.
Lettre à un ami arabe, prix Sévigné, 5e édition, Mame, 1969.
Lettre à un ami chrétien, Fayard, 1971.
Vivre pour Jérusalem, Desclée de Brouwer, 1973.
Ce que je crois, Grasset, 1979, 1985.
Jérusalem, une métropole spirituelle, Bordas, 1981.
Retour aux racines, entretiens avec Jacques Deschanel, Le Centurion, 1981.
Histoire du Judaïsme, 8e édition, P.U.F., 1990.
L'État d'Israël, 8e édition, P.U.F., 1984.
Histoire des Juifs en Afrique du Nord, Hachette, 1985, 1987.
La vie quotidienne des hommes de la Bible, 6e édition, Hachette, 1986.
La pensée juive, 5e édition, P.U.F., 1988.
Jésus et Paul, fils d'Israël, Éditions du Moulin (Suisse), 1988.
L'Amour fort comme la mort, R. Laffont, 1990.

Traductions

Les devoirs du cœur de Bahya ibn Paquda, D.D.B., 1950-1972.
Le Cantique des cantiques, D.D.B., Paris, 1950.
Les Psaumes, P.U.F., Paris, 1956.
Les Psaumes et le Cantique des cantiques, avec des préfaces de Jacques Ellul, André Néher et René Voillaume, P.U.F., 1970 et 1974.
La Bible hébraïque et le *Nouveau Testament,* 32 volumes, ouvrage couronné par l'Académie française, médaille d'or du Prix de la langue française, D.D.B., 1974-1977.
L'Univers de la Bible, 10 tomes, Brépols-Lidis, 1982-1985.
Un pacte neuf, Brépols, 1984.
La Bible, 1 volume de 2432 pages, Desclée de Brouwer, 1985-1989.
Le Coran, l'Appel, R. Laffont, 1990.

ANDRÉ CHOURAQUI

CANTIQUE POUR NATHANAËL

Albin Michel

Collection « Espaces libres »
dirigée par Marc de Smedt

22, rue Huyghens, 75014 Paris

ISBN : 2-226-05627-0
ISSN : 1147-3762

INTROÏT

Je te bénis toi qui m'élèves en cette tour blanche gravie par mon pas secret.

Une à une me rapprochent de toi, les marches de marbre de tes degrés.

Noire est ma nuit, cachée ma ferveur parmi la foule blanche prosternée.

Vers toi seul mon pas s'élève, aux directions du firmament, dans l'axe de ta voie.

Et j'ai dû trahir toute présence pour pénétrer la porte étroite inviolée, gravir la colonne de ton appel.

Est, Nord, Ouest, Sud, il me faut tourner, le front levé aux échos de ton abîme, pour réunir dans ma nuit les lambeaux de ma brisure.

Solitaire, ma démarche de marbre réunit les âges.

Je foule tes parvis, Carthage, ma sœur, et cette marche précise porte encore le parfum de ta guerre,

Carthage ma sœur, dans l'irréel de ta lumière, présente au Minaret.

Au dur orient de tes marbres, de tes dieux, de tes mortes espérances, orientale au carrefour des mers, tes colonnes Carthage ma sœur,

Sémite et crucifiée, païenne et unifiée, chrétienne et lapidée, soutenant, austère et souveraine, le poids de ma prière.

Qu'elle est longue ma nuit dans ce tombeau dressé où s'affirme l'angoisse,

Aller dans l'absence du créé, de toi en toi, de toi vers toi, en quête de toi.

Ma nuit meublée de tes marbres, Carthage ma sœur, sémite et crucifiée,

Noir damier de mes lumières, me voici dressé au tournoiement de ton appel.

L'ascension me presse, aux promesses d'une présence, Est, Nord, Ouest, Sud,

Qu'elle est longue la route enténébrée de tes blanches colonnes,

Fruit secret mûri au silence de nuit, le long baiser du cheminement exalté !

Quelle brisure l'éclatement du désir, aux spirales du Minaret !

Cette marche encore, Rome au-dessus de Carthage !

Aux âges réunis, les pierres s'embrassent, les païennes et les chrétiennes, pour exalter le damier de ta demeure

D'être en toi, les ténèbres me recouvrent, mais que ruisselle l'ardente lumière aux colonnes du monde.

Noires, blanches, symphonie aux spirales d'espérances,

Mon pas obstiné gravit l'âpre montée.

Eclatement des jointures, l'arrachement premier,

La lourdeur des pas, la glèbe s'élevant aux parvis innomés pour pénétrer la ténèbre de l'ardente colonne !

Désir de fuir, mais ta main me conduit.

Qu'importe le secret de ma démarche si ta voix me pousse, la pauvreté de mon élan si ton souffle me pénètre !

Voici le couloir qui m'écarte de ta voie.

Une lucarne bornée au faîte des trois degrés. Cette lumière déjà m'aveugle,

Mais je veux toute ta voie, gravir, marche après marche, tout le chemin de ma nuit.

O, donne-moi de ne pas mourir à ma voie, mais de vivre, pour mourir à ta fin.

Donne-moi de surmonter la faiblesse d'illusion pour rechercher toute la vérité de l'Unique.

Mes mains saignent mais je m'arrache au rayon de soleil soudain présent en ta lucarne, Minaret.

Mon cœur saigne, petite lumière, ma sœur, mais pour l'amour de toi, je m'arrache à toi, pour m'enfoncer encore au cheminement de ma ténèbre.

Vertige du sol, vertige de la montée. La pente s'éclaire du chuchotement de tes siècles ! Rome au-dessus de Carthage !

Le cri sauvage monte dans la nuit. Le cri sauvage indistinct qui presse mon élan.

Est, Nord, Sud, Ouest. Vertige des spirales, tourbillon de ta dure crevasse ; du sang de ma démarche ton marbre maculé brille au feu de ma ferveur.

Marches de marbre. Le long silence de Rome vaincue. Aux pierres des degrés, ton souvenir, petite lucarne, dans la plus ardente mort de mes combats.

Tourner, tourner encore, revenir écrasé au point de mon départ. Est, Sud, Ouest, Nord. Quelle espérance dans l'abîme de nuit.

Axe sans mesure, ligne muette de la terre au ciel dressée, cratère de mes feux,

Tranquille colonne où se consume ma flamme dans le baume des palmes.

Ton souvenir, petite lucarne d'une lumière plus haute dont les trois marches me rebutent et me chassent aux plus hautes rigueurs de ma nuit.

Une chaîne et des clous aux murs des colonnes : les marches manquent...

Et soudain l'éclatement de la ténèbre, le déferlement d'une écume éternelle.

Il n'est plus d'espace, il n'est plus de murs : le ciel, sur ce voile entre ciel et terre, où perce mon front, l'éblouissement d'une brûlure en ce point extrême au centre du monde, en cet ultime lieu, aveugle de tant de lumières.

O ma joie solitaire au faîte de la colonne ! O feu d'allégresse aux cimes du Minaret !

Me voici sans lien pour me retenir aux brises de la Terre,

Me voici devant ta face, Azur, et toutes choses sont miennes dans cette extrême nudité de blancheur et de ciel, où succombe le désir.

Ton souvenir, petite lucarne, dans l'infini des palmes aux voûtes du firmament.

Tes colonnes, o, marbres de Carthage, par les sables recouverts, dressés en forêt de jours aux pieds du Minaret.

Et je vois la paix tranquille de tes toits,

O cité sainte aux portes du désert,

Amoncellement de non-être, triomphe de soumission.

Ton regard et ton sourire, ô ville sainte renoncée aux ors de ton soleil.

O souffrance vaincue, triomphe en cet azur du oui où s'ébranlent les colonnes du ciel, aux rythmes qui me captivent.

Minaret, tranquille Minaret, ta rencontre au cœur de ce désert et mes mains qui saignent encore de leur étreinte,

Dans la nuit de ton cœur, sanglant, renoncé.

Ivre, solitaire, titubant dans l'ivresse de ma joie, me voici contre cet azur troué par ta blancheur.

Mes mains gardent encore le goût de tes ténèbres, la dureté de ton marbre, de tes chaînes, de tes marches.

Et me voici déjà au seuil de l'infini où tu veux que je chante.

POUR LE TEMPS DES TÉNÈBRES

As-tu vu la frontière du royaume de l'amour?

L'homme s'écarte des sentiers du créé.
Il baise, enivré, la rose d'Orient
Contemple dans des cieux ignorés l'envol
D'oiseaux d'outre-songe au seuil améthyste
Du palais mystique. De ses doigts fusent fées,
Et génies, elfes et péris et des archanges
L'escortent aux embrasements des cieux.

As-tu vu la frontière du royaume de l'amour?

Altéré, il boit les philtres du savoir.
Il franchit les ténèbres du désert,
Et voit l'au-delà du verbe et de la vision.
Brandissant le livre des cieux et de la terre,
Il déploie l'antique parchemin, arche ivre,
Inutile aux culminations des voix, des âges.
Dans le chaos, l'amour tait sa vérité,
Le sang coule du cœur exilé,

Emigrant crucifié, métèque des abîmes
Semé solitaire, dans l'orbite des mondes.

As-tu vu la frontière du royaume de l'amour?

Douleur du vouloir aux naufrages méphitiques
Algues moirées aux profondeurs marines,
Les yeux éblouis aux secrètes couleurs,
Vibrent du baiser sur le roc englouti,
Durables ferveurs des tortures extasiées.
L'âme en allée renonce aux mots prononcés
Dans l'imminente nuit du royaume d'amour.

As-tu vu la frontière du royaume de l'amour?

De ses mains il ouvre les portes verrouillées
Des flancs interdits. Dans l'ombre de la forêt,
Il boit au creux du rocher le vin du mystère,
Il s'assouvit, affamé, du froment de chair.
Des étoiles déchirent sa nudité.
Dépouillé aux chevelures d'abîmes,
Il voit s'écrouler le mur et la digue.

Mais au lait de la vie, il chante d'allégresse
Déferlement des hauteurs refusées,
Effondrements des abîmes créés,
Il chante votre cruauté.

As-tu vu la frontière du royaume de l'amour?

Sans regard, sans oreilles, sans voix, il frôle
Les buissons du sentier, les doigts déchirés

Inappelés aux déchirements du créé,
O, mains sans cymbales, ondes refusées
Des musiques du silence.

Les gardiens de la nuit délaissent
Les étoiles et leurs ombres,
Refusent le fracas d'apparence.
Une main, au-delà des ténèbres dénonce
Les nuits de haine,
Au seuil écartelé du royaume d'amour.

As-tu vu la frontière du royaume de l'amour?

Et l'homme dit : « Une main me dérobe,
Aux chaleurs des jardins, me vole mes soupirs,
Mes regards, mes angoisses, mes peurs, mes audaces.
Une bouche cherchée dans l'ivresse des nuits
En plein jour est venue sur ma bouche,
O, la longue douleur,
A bu ma salive, a mordu dans ma bouche
Le venin du désir,
O, la longue douleur,
A bu tout mon sang, a bu tout mon lait
O, la longue douleur,
Une main m'a pendu sur les fils de la nuit
Au seuil irrécusable
Du royaume d'amour.

As-tu vu la frontière du royaume de l'amour?

Un corps porté par la Mer du Refus,
O, la longue douleur,

Un corps dépouillé flotte aux ombres de la nuit.
Un corps décharné
O, la longue douleur,
Emerge exsangue, o, la longue ténèbre,
Au sang de la nuit,
Un corps épuisé, lancé, fracassé
Aux tempêtes polaires,
Un corps déchiré aux poignards sans garde,
Aux kriss ensanglantés des guerres intérieures,
Un corps aux oreilles mortes, aux yeux crevés,
A la langue arrachée, aux mains mutilées,
Au ventre écrasé,
Aux pieds broyés aux innocences du Solstice,
Disséqué aux scalpels du silence,
O, torture, o, police souveraine,
O, Mer, Mer, Mer sanglante au calice des Rois,
Un corps torturé pour sa garde et son trésor...

As-tu vu la frontière du royaume de l'amour?

Renie l'apparence.

Sache
Nier ce qui a forme,
Nom, poids, prix, mesure,
Bondis hors des signes,
Limites, frontières
Hors de tes prisons
D'idées ou charnelles
Où tu fais esclaves
Ton corps, ton esprit
Sois libre, sois vrai,
Nathanaël,

Renie l'apparence :

Le oui identifie, l'accueil arrête.
Oui à la terre alourdit,
Oui à la chair pourrit,
Oui à l'argent asservit,
Oui à la haine avilit,

Oui à la guerre tue
Oui au plaisir déçoit
Oui à la vie trompe.

Oui au poème tarit.

Sois sans mots, sans regards, sans oreilles, aveugle,
Muet, sans rire et sans joie, sans chair et sans peau.

Et mort, épouse l'au-delà de ta nuit.

Au crépuscule de l'Ecrit,
J'ai vu marcher, halluciné,
Un peuple mort incirconcis
Sur l'océan des mots sans vie,
Des phrases faites pour oublier.

Un peuple aveugle, claustré
Dans les douleurs de ses exils.

Tant de sang coule en ses artères
Qu'il faut prier pour soulager
Sa peine grande.

J'ai entendu les sanglots fous
D'une Rachel dressée dans l'aube
Sur les cadavres de ses fils
Assassinés.

J'ai vu surgir, des crématoires,
Aux cheminées de toits tranquilles,

Des théories d'hommes, d'enfants,
Tout en fumées partis au ciel,
Tranquillement tués, gazés,
Pour qu'advienne la rédemption
De vos égouts, frères allemands!
L'enfant surgi du grand charnier
Où pourrissaient ses parents
M'a dit hier ressuscité :
« Ma peine est grande et je la tais.
D'horreur étreint je suis muet.
Le sang, le sang, le sang me hante
Tant de gorges ouvertes,
Tant de crânes scalpés,
Tant de corps mutilés,
Tant d'horreurs, tant d'angoisses,
De faims inassouvies,
De soifs vives, mortes
Pour qu'advienne
La rédemption
De mes agneaux.

Devrai-je encore vous garder?
Je vis cloué aux carrefours
En haut des croix
Mon regard révulsé
Doit contempler vos longs cortèges.
Ils défilent ensanglantés
Près de mes pieds,
Sur les chemins boueux de sang.
Encombrement de mes cadavres
Amoncelés dans vos charniers.

Je porte
Le poids de mort de vos paroles,
De vos injures
De vos menaces
Et de vos haines
En ma douleur.

Et je crie du fond des cieux,
Oui, je rugis vers toi pour que
L'homme menteur ouvre son cœur
A tes lumières.

J'ai rejeté les pleins secours
Du pain du vin sortis de terre

Loin de ma terre
C'est de ma faim
Que je veux vivre.

Loin de ma vigne
J'aime ma soif
Plus que vos crus.

J'aime ma mort
Mieux que vie vaine
Loin de mon roi,

Et mon exil
M'est doux calvaire
Au souvenir
Du roi des cieux.

Je suis le veuf et l'orphelin,
Muet, aveugle, sourd,

Privé du verbe
D'éternité,

Aux mains du gouffre
Sans voix, sans armes,
L'agneau livré
Au sang des nuits.

O corps fantômes
O cœurs éteints,
Mes âmes mortes,
Mes mains squelettes,

J'ai étouffé dans les déserts
Désespérés du grand exil.

Oui, j'ai requis la fin des temps
Pour que s'annonce en mes artères
Très sclérosées de folle attente
Ta douce force.

La fin des temps pour qu'advienne
Le grand pardon des univers

Et de ces peuples tout crucifiés
Sur tes chemins au bois des croix.

Pour toi mon ami
J'ai voulu l'oubli

Le bois de nos landes
Au feu des guirlandes
A brûlé l'ardeur
De nos brèves heures

Le cœur déchiré
Trop ensanglanté
Verse ses murmures
Au creux de l'azur.

Pour toi mon ami
J'ai voulu l'oubli

Aux roses de vie
J'ai dit mon ennui
L'épice et le nard
Ont jeté leur dard

De douleur j'ai fui
Le plaisir des nuits.

L'oasis des rêves
A flambé sans trève
Et j'ai vu l'orage
Nier le mirage

Pour toi mon ami
J'ai voulu l'oubli

Aux pierres de lune
Je clouais rancune
Et je vis sourire
Ton ample désir

Au ciel en allée
Ma joie exaltée
Créait les demeures
De nos longues heures

Aux palmes d'amour
Renaissait le jour

Pour toi mon ami
J'ai voulu l'oubli.

Je m'avançai sur une plage
Dépossédé de mes parures
Halètement, mouettes folles
De mes ivresses,
Lorsque je vis au clair de lune
Le corps nu d'Eve
Se délassant sur un nuage.

Je m'élançai pour l'enlacer
Mais auprès d'elle
Je n'étais plus...
Ombre de moi, folie de reine ?
Refus ou don ?
Elle s'envola, les bras en croix, moi dans ses bras.

Et la danse m'exalta.

Dans la lumière du soleil.
Au rythme des tambourins
Je m'élevais soudain,
Tourbillon frénétique,
Pour danser au soleil,
Une danse de feu.
Je dansais,
Sabbat de sorcière,
Chaudron renversé,
Ventre rentré,
Cuisses écartées,
Langue happée
Doigts veloutés
Serpents adorés,
Je dansais,
Fleur éblouie aux arcs de couleurs,
Triomphe de pétales
Aux gammes de lumières.

Je dansais,
Torturé, déchiré,
Lapidé, cloué,
Adultère impie
Je dansais,
Meurtri, œil pur,
Je dansais,
En mon âme et mon corps altérés,
Dressé écarlate et nu
Aux cieux de la pensée,
Je dansais,
Côtes rentrées, langue fendue,
Bras suspendus aux flots de la marée,
Je dansais,
Par le flux emporté
Epave rejetée
Des mers révoltées aux cieux désolés,
Je dansais, je dansais,
Vaincu dans mon triomphe,
Par mon élan exalté,
Ecrasé sous les cieux outragés,
Je dansais, je dansais,
Et m'effondre à tes pieds,
Dans l'ivresse de ta danse,
Soleil...

Et moi j'attends.
D'être trop, déjà je ne suis plus
Mon âme ayant à peine parlé,
Déjà fait silence.

Sur ma lumière l'ombre étend son voile,
L'ombre de ton soleil, o, toi que j'aime,
Ton baiser m'a brûlé,
D'être trop belle, je suis éteinte.

Noire et blanche, de lumière et de ténèbres faite,
Ma beauté succombe au seuil de ton amour.
Ton regard brûlant sur le bois me cloue,
Tes mains qui se tendent
Me repoussent en moi-même.

Libre-esclave ? Je ne sais,
Mais souffrance me dit que le deuil m'enchaîne
Et m'entraîne en sa chute.

En tes précipices entraînée,
Ta voix sera mon souvenir,
Ta voix sur la face des eaux,
Qui s'exalte en vol de colombes,
Vers la voûte des cieux.

Je suis belle, mais tellement noire,
O, toi qui m'as choisie pour m'en aller
En ton lumineux sillage,
Laissant sur toutes les pierres
La trace de mes blanches mains,
Tellement noire pour suivre
Ton tourbillon qui s'élance en flèche
Vers un dôme inaccessible
Et retombe en pluie
Aux échos de ta voix.

Tellement belle
Pour refuser de me soumettre à toi,
O, mon prince d'étoiles,
Et de sentir contre mes jambes
La brûlure de tes jambes de marbre.

Rêve charnel ou chimère de mon âme, l'abîme où mon être enflait et déjà chérissait devant moi a rentré son visage et frigide me laisse.

Abandonnée, esclave me voici ; soumise, veuve, je hurle ; aimante, je suis seule.

Les lustres se sont éteints, ma main se fige — Autour de moi, la noire danse, la frénétique cadence ou mon âme s'étiole et se glace ma chair des démons déchaînés.

Les cieux qui furent créés au sein des eaux se referment ; le banquet qui fut servi, sans doute d'autres y mangent-ils, moi chassée.

Les eaux d'entre les eaux se séparent, les unes de vie, les autres de mort ; prosternée entre elles deux ma main se sèche et mon âme se meurt.

Les eaux d'en haut dont la lente musique caresse encore ma chair meurtrie en triomphent d'orgueil,

Les eaux d'en bas, noires et sales et laïdes en leur divin travail, multiples et changeantes, fanges de lumière dont l'enfer chimérique prépare et retient le déferlement des hauteurs exquises qui se refusent à moi.

Moi la délaissée, moi, la veuve, la vierge, celle qui aime, celle qui hait, moi la douce terrible qui tremble de crainte.

Entre elles deux, le firmament forme sa digue de ciel vide qu'épouse mon âme. Droite, aveugle je me dresse en son sein et je hais d'amour.

Le ciel est vide et veuve je suis, vierge inutile, fiancée des ténèbres.

Et toutes choses vont dans leur beauté première : de le savoir mon sang se glace.

Ta chaleur, ô prince oublié, inutile, qui se meurt. Ton néant, ô ciel de mon âme, à mon âme identique.

D'être seule, je ne suis plus : désert que nul pied d'homme ne foule, mer de sang refusé que nul œil ne contemple.

Vide, au pied du non-être je vis de cette mort où brûlent mes frères en vagues de flammes.

Veuve, mes rêves enfantins croulent comme une chevelure captive des étoiles ; mes rêves enfantins dansant au crépuscule des soirs, sur le bûcher des horizons rouges où brûlent mes rêves.

Et toutes choses sont dans leur beauté première ; de le savoir mon âme se vide dans la chute des silences.

La mer se fige, elle bloque ses diamants et ses gorges.

La reine du ciel est morte évanouie dans les flamboiements des horizons où meurent mes frères, où brûle ma chair et se glace mon âme.

D'amour je n'en ai point et me meurs d'être seule.

Et vous qui parlez de roses tandis que l'horizon flambe et que mon âme est veuve, pourrai-je vous aimer sans le trahir...

Etes-vous ma sœur, vous qui dansez en votre ciel ensorcelé,

Etes-vous ma sœur, vous qui me prîtes mon époux ? Puis-je sans le trahir être lâche devant vous et taire la haine que je porte aux démons ?

Etes-vous ma sœur, vous qui brûlâtes mon corps pour lui dérober son âme ? Mon corps glacial dans l'étau qui l'étreint, mon corps noirci dans les flammes de votre ventre putride.

Etes-vous ma sœur, vous la dévastée, dont les mains égorgèrent ma chaleur,

Etes-vous ma sœur, ignoble voleuse d'un amour sans tache, qui avez égorgé mon enfant en mon sein, parce que trop d'éternité pesait sur sa paupière d'aurore.

Etes-vous ma sœur, vous qui vous vendez aux statues de pierre et vous fardez des immondices du monde, parée de mon diadème, Isabelle de pourpre, dont le cadavre sera pâture de chiens.

Vous qui avez chassé la veuve et brûlé l'orphelin et meurtri l'étranger et broyé l'opprimé, parée de mon diadème, Isabelle de pourpre, dont le cadavre sera pâture de chiens.

Aveugle et sourde, vous allâtes en ma gloire, aveugle et sourde, votre manteau rougi au sang de mon amour protégeait la tombe que vos mains creusaient,

Et j'allais dans l'ordure et la honte de vos soufflets, Isabelle de pourpre dont la charogne sera pâture de chiens.

Mes paroles vous refusâtes d'entendre.

J'étais son épouse, femme lubrique, odieuse rivale.

Et pour lui je suis jalouse comme un enfer,

Et pour lui je suis folle, Isabelle ma sœur,

Folle, parce que son nom est vérité et sa droite d'amour terrible,

Folle de son trône royal et du geste sacerdotal qu'il me promit enfant.

Je suis jalouse pour lui d'une grande jalousie et contre vous ma douleur s'exacerbe de fureur vive, femme voleuse, Isabelle impudique, parée de mon diadème, mon diadème sans tache voilant la souillure de votre front.

Je vous ai jalousée du jour où, chassée, j'ai roulé sanglante dans l'abîme du monde.

Et mon front est dur comme diamant, et roide ma nuque plus que ciment,

Et les yeux où brûlait le feu du buisson ont suivi, pas à pas, la route glissante où Dieu vous jugeait.

Mes lèvres brûlantes connurent le feu de votre odieux baiser, Isabelle lubrique aux enfants massacrés.

Mon âme est amère, mais l'enfant est à moi, épine

empoisonnée de ma rose exquise, femme stérile au ventre lubrique, parée de mon diadème et de mes roses pourpres.

Ta main habile savait le dessiner et le gronder, Mical, quand devant l'arche, son corps divin se balançait

Et le haïr parmi les servantes quand il entrait nu dans le flot de ses vierges,

Et l'admirer et te pâmer en extases chimériques, ô fille lubrique, en baisant la verge de sa fureur.

Mes lèvres étaient brûlantes Isabelle impudique, et pas à pas te suivaient sur la route glissante où Dieu te jugeait les yeux où brûlait la flamme du buisson.

Va et pars en tes horizons de flamme, femme pauvre prisonnière de tes rêves et donne la clé de ce temple royal où tu veux que je vive,

Donne la clé de ce corps étoilé où mon nom est gravé — va et pars sur la route longue, Agar désolée en ton rêve enfiévrée,

Et donne la clé de cette chambre retombée où l'alcôve est cachée.

Va et pars, arbre mensonger, en ton ciel dévasté, et donne, donne la clé de ce ventre magnifié où dans l'ombre de ma frayeur l'aigle est blotti,

L'aigle d'étoile et d'or exalté dont les griffes meurtrissent mon sein qui te hait.

A petits pas, évêque en tête,
Tam-tam battu, flûte exaltée,
Cortège dansant sur la forêt,
Visages noirs tout inclinés,
Très solennels dans leurs habits
    Endimanchés,
A petits pas, dansant leur joie,
Noire épousée de blanc vêtue
Et le promis œillet aux dents,
    A Douala, au Cameroun,
    Lundi matin, six février,
En plein midi, tam-tam hurlant
    Les joies sauvages
D'âpres forêts bien travesties,
Aux entrechats sur le trottoir
    De danses noires,
Pas de deux, passe-pied, plié,
Coulé, coupé, jeté, battu,
Pirouettes, sauts et tortillés...

Sur un nuage aux volte-face
D'éternité, j'ai vu voler
    La noce noire...

D'Egypte suis-je sorti ?
Des câbles sanglants, mon corps de beauté
Est-il délivré
Pour se complaire au soleil de sa force ?
Mon corps de beauté
Dont la splendeur éteinte roule au bas des fosses ?
La pierre est-elle brisée,
Et le sceau enlevé de mon tombeau fermé
Où ma flamme étouffe ?
Les cieux sont vides où mon regard glauque
S'accroche à rien,
La terre basse déserte, sur fumier amassée,
Purin fétide où se plaisent les ombres,
Et les eaux souterraines grondent de fureur rentrée
Où bouillonne le démon.
Aveugle, je les vois, sourd, leur vacarme m'accable
Sous le voile tenu de ma ténèbre grande,
Devant ta face, abîme.
Absent et présent en mon mutisme clos,
Je contemple et me ferme au néant refusé,
Au néant jaloux de ma rouge splendeur
Sur la corne plantée où rien renonce.

Mais l'amour me blesse
En mon silence éclos de lys
Où les palmes se mirent,
L'amour semblable au rien de ma substance
Que l'écho multiplie en vaines chevelures.

Béat et vengeur en moi-même
Je suis de n'être pas,
Secret à moi-même,
Mystère étendu en grimace de croix,
Où mon nom à moi-même est mystère.

Petit homme voûté sous la voûte des cieux,
Je vis du rite muet de ma libre grimace
Où sourit ma vengeance, ma vengeance terrible,
Et se renie ma joie.

Esclave abandonné aux furies marines,
Je suis et ne suis pas.

Vieillard enfantin, nourrisson torse,
J'avale l'océan pour recréer les cieux.

Mon silence crie et mord mon murmure.
J'avance muet, immobile toupie au crâne du soleil.

Hébété, j'avance au calvaire où fond ma peur
Au conflit de tes voix. Attendre, mourir, pourquoi ?
Si vide je reste exclu de cette harmonie
Où je sais que tu vis. Hautaine, ton silence
Me blesse. Pourquoi me fuir, si vers toi l'amour
Me pousse et glacé me laisse, blessé, sanglant
Au seuil de ton refus...

Solitude ! souffrance morte
D'âme blessée, je vais vers toi
Et je délaisse en mes châteaux
        L'ombre âpre, dense,
        De mon passé.

Je vais vers toi, peuple inconnu
Pour te chanter ma plainte
L'heure est venue, de libérer
        L'âme captive
        De mon passé.

        Blessée, biche gémit
Et son grand cri me perce
Biche sanglote, o, larmes
Et sa souffrance me transperce
        Plus que de flèches
        L'homme attaché
        Au bois de l'arbre.

Je succombe en mon passé
Et je marche vers l'aube

Meurtri d'amour
Et je te chante
O, solitude !

O, solitude ! épouse vierge
Aux océans de l'incréé !
Je vais vers toi délivré
D'entraves, libéré
Du poids de mon passé.

Je veux t'étreindre et me mêler
Aux chevelures
De tes musiques
Pour oublier formes créées
De mes attaches
Et détaché, jaillir en toi
Dans la lumière en mon château,
Roi solitaire aux arches vives
De l'univers.

Je sors des tombes
Et je m'élance
Vers ton soleil, Ancien des jours !
Pour être enfin l'enfant sevré
S'assouvissant de ta tendresse
Dans l'oubli des ombres
Pour épouser l'exaltation
De ta lumière et de tes danses !

Je ressuscite et de ma mort
Je me réveille pour me donner

A ton non-être et m'oublier
En ton amour, o, Roi de gloire !

Très solitaire, au fond des grottes
Du grand désert je vais vers toi
Semant au vent l'appel du verbe.

Et récoltant soufflets injures
De mes amours je me libère
Pour me donner à ta furie.

Frissonnant, j'entends ta voix
Venir vers moi pour me livrer
Le mot secret de tes pouvoirs, éternité.

Dans mon silence
Je sais t'étreindre
Virginité !

Oui, j'ai voulu coïncider
De tout mon être avec ton être
O, toi ma vie, o, solitude,
Béatitude au grand repos
De ton jardin après l'aride
Affreuse soif du désert.

J'ai rejeté mes illusions
Et tout défait de mes désirs
J'ai commencé de mes mains
Le grand labour des rédemptions.

As-tu trouvé ta voie dans mes champs de luzerne ?
As-tu calmé ta faim, apaisé ta soif ?
As-tu rendu ton cœur semblable à ton regard,
Ton chant identique au galop de ta course ?
As-tu voulu l'amour et rejeté son ombre ?
Accepté ses envols au rien de ses dons,
Renié tout ce qui n'est plus lui ?
Sais-tu être aveugle, sourd et plein de silence
Et là t'enivrer du chant et de la vision ?
Sais-tu forcer la porte aux serrures d'or ?

Ton chant a-t-il jailli pour célébrer le ciel
Et mes verts pâturages, ton chant, ton silence ?

Ma joie éclate enfin en glands écarlates
Aux cieux de l'âme éclose.

Je suis sorti de vos prisons, hommes d'angoisse,
Car je connais le poids de mort de vos idées,
De vos désirs, de vos passions et de vos actes.
J'ai succombé ensanglanté par vos mépris

Toi, l'imbécile
Qui étranglait
L'homme innocent
Tachant de sang
Sa peau très noire
Pour lui prouver
Qu'elle était noire.

Toi, l'homme aveugle
Qui entraînait
Pour te porter
Aux turpitudes
Des vanités

La fille amère
Prostituée.

Toi, commissaire
Qui m'a poussé
Aux hécatombes
Des crématoires.
Mon corps brûlait
Et dans le feu
Ta voix criait
« Tu es un juif ».

Et toi encore,
Soldat des peurs
Mains étrangleuses
Sur le cou pur
D'un musulman
Guillotiné.

J'ai cheminé dans le sang noir de vos espoirs
Hommes du monde, j'ai baisé la douce main
De vos démons.
Agenouillé dans vos débauches
Le très grand fouet d'iniquité me flagellait
Et je songeais aux cris de joie des oasis
Déchiré par le scalpel de vos violences.

Aux Cordillières
J'ai pris l'enfant
D'un indien vert
Tout crucifié
Sur la coca

Que lui vendaient
Des hommes blancs.
L'enfant périt assassiné
Et je le jette en tes banquets
Homme assouvi qui te réjouis de tes mangeailles.

Vous courrez tous aux désespoirs
Noire ripaille, o, nuit sans fards,
Nudités blêmes, huis-clos maudits des damnés,
Cris sans réponses d'enfants cloîtrés aux murs
De vos prisons, murs de mains d'hommes.

Point de salut pour ces squelettes
Vêtus de chairs. La pirouette
De Satan l'ange a confisqué
Et pour toujours la peau blessée des innocents.
Et j'ai prié pour leur repos au fond des cercueils
De satin rose...

Ma joie éclate enfin en glands écarlates
Aux cieux de l'âme éclose au feu de mes déserts.

Sourd, tu ne sais plus entendre le verbe.
Aveugle, tu ne vois plus la lumière intime.
Mutilé aux marécages de ton exil,
Es-tu vivant plus qu'en ton corps, o, mort-vivant,
Homme cloîtré, à la vie pas encore né,
Parfait captif de ton cœur clos incirconcis ?

D'avoir été mené à ton adoration
Me laisse fou, Seigneur, en tes mutilations !

Lourdeurs d'hommes murés, prisonniers des morts,
Peuple sans louange en ses dures agonies
Sous le soleil éteint, mes poings sanglants, o, frappent
Au caveau familial de mon peuple endormi,
Pour l'arracher enfin à son sommeil de mort.

Réveille-toi homme endormi
Sous ta voûte charnelle, o, captif de ta peau,
Sous le poids de ton moi non racheté.

Peuple, peuple de glèbe aux ornières de terre
Peuple sans élans, sans musique, sans lumière,
Aux câbles meurtriers des mortes déchéances...

Comment, frêles doigts, saisir terre si lourde,
Et crier au chaos : « La lumière sera ! » ?

Dans l'immensité de tes chevelures,
Terre oubliée, fange éperdue,
J'ai pénétré l'opacité de tes ténèbres.
Sans pesanteur, vouloir secret d'éternité,
J'ai bien nagé au gouffre noir de tes abîmes
Partout présent dans ta nuit.

J'ai rencontré, homme éperdu,
Satan menteur, l'ivre porteur du sceptre fol,
Introducteur en mes diamants du défaut terne
De l'illusion, splendeur duelle, firmament
Au sein des eaux surgi, ciel marin menteur !

Homme ! mortel captif des horizons lunaires
Des lieux étroits, obscurs, fermés, aux eaux livré,
Dévastateur
A la main qui frappe, qui torture et qui tue,
Au bras qui déchaîne le tonnerre des bombes,
A l'arme qui hurle sous le doigt qui la presse,
Démon livré aux cécités des cieux fermés,
Ciel, ciel duel, o, ciel marin menteur !

Mais, aveugle, je contemple une lueur,
Sourd, une musique me déchire
Lointaine, une présence me porte
Aux déchirements des lentes agonies.

Esclave abandonné, je vis ta vie d'amour,
Dans la brûlure toujours future
De ton baiser.

J'ai refusé d'être compté
Parmi les morts. J'ai refusé
De succomber en mes exils,
D'être privé de ton amour,
De ta demeure, de ta terre,
Et de ton chant,
Dans mon île désespérée
Luisante du souvenir
De nos étreintes.

Je n'ai jamais voulu cesser
De contempler la lumière
Annoncée au premier jour
Pour le triomphe
Des temps derniers
Puisqu'en mon cœur
Luisait déjà sa délivrance
En ma vision.

Aux certitudes
Murées de l'île
Je n'ai cessé
D'épouser le vouloir

De mes voyants qui annonçaient
La gloire acquise
De mes retours.

En quête d'aube,
Je survis au cri des nuits,
Au désespoir de mes années de mort semeuses
Où l'ennemi violait, tuait
Mon âme veuve,
Siècles de ruines
Pour mes peuples,
Le grand massacre
Des innocents aux nuits de garde
Des crématoires.

Je t'attends
Justice due aux négations
Ensanglantées du jugement,
Et je t'annonce —

— Aube nouvelle.

Oui, j'ai cloué mon ange bleu
Sur mes étoiles.
En lui montrant les fleurs
De mon espoir, je l'ai rivé
Au haut des cieux pour l'arracher
Aux illusions du parc terrestre
Au marécage, à la grisaille,
Au grand égout de vos mensonges,
Hommes murés de haines
Avares morts sur vos magots,
Professeurs de vanités,

Je sais vos lâches complaisances
Hommes cloîtrés dans vos débauches
Voulues secrètes, mais puantes
En vos rictus, cette manière
Que vous avez de fuir les mains
Et les regards vers vous tendus...

Je vous connais, hideux bavards
Qui camouflez votre néant

Sous le flot vain de vos paroles
    Prostituées à vos désirs
Et vos désirs soumis au ventre
    De vos crimes.

Car vous tuez, hideux menteurs,
Attablés nus aux devantures
    De vos demeures.
Aujourd'hui j'ai serré la main
    Qui dans la nuit a tué
Deux cents millions d'êtres vivants,
    La main douce aux ongles polis,
A peine tachée, à peine tremblante
    De tant de sang jamais vengé.

Oui, j'ai connu le père aimant
Qui a conduit avec sa femme
Leur fille pour qu'elle avorte
De ses serpents tout enroulés
    Sur ses yeux calmes
    O, langue amère o, fiel
    O, paroles doucereuses,
Toi, l'assassin, toi, l'adultère,
    Toi, le voleur de la chaleur
    De ton enfant.

Oui, j'ai cloué mon ange
    Sur mes étoiles,
Pour le soustraire à l'illusion
De vos amours, de vos étreintes,
De vos idées, de vos paroles,
Amères, étroites, mortes,

Dans l'ennui de vos whiskys, le désastre
De vos couleurs, o, maquillages
    De mes silences
    Aux carnavals
    Des cinq à sept.

Je n'ai cessé de cheminer,
Ce jour dès l'aube, auprès de toi,
Mon ange bleu, parmi le peuple
De squelettes au fond des tombes.

Ils font semblant de s'habiller
    Mais ils vont nus.
Ils font semblant de se laver
    Mais sont sans peau.
Emasculés, ils font semblant...
    Oui, ils imitent
Formes de chairs, mais sont sans corps
    Oui, des squelettes,
Des os puants, tout gris, tout sales
    Froids et très secs...

    Pour porter quoi ?...
    Un ventre.

Et je t'ai pris, mon ange bleu,
Pour t'arracher au sabbat
De ces sorcières, de ces monstres,
Sur les boulevards très convenables
Se saluant tout souriants
Et s'en allant pour promener
Leurs ossements et puis leurs tripes

Sur le nuage
De leurs mensonges...

Hommes tranquilles, soldats,
Fonctionnaires, gangsters,
Chers professeurs, conférenciers,
Tous écrivains, historiens,
Théologiens, archéologues,
Hommes sensés et pontifiants,
Des romanciers et des poètes,
Mon Dieu, ma chère !...

Ils cheminent
Au grand strip-tease
De l'existence à coups de coudes
Pour arriver les tout premiers
Au bord du gouffre et y laisser
Choir leur peau, mon Dieu, ma chère,
Et leurs ossements.

Applaudissez, vague montante
Des héritiers de si grands biens !

Rien que des os, rien que des tripes,
Ce jour entier, mon enfant bleu,
Sur mes chemins hallucinés,
Aux grands boulevards de mes voyages
Rien que des os,
Rien que des tripes.

Et je t'ai pris mon ange bleu,
Pour t'enseigner l'issue du piège.
Le labyrinthe a-t-il des portes ?

Il ne cessait de rechercher
Une réponse à sa question
Le professeur des marécages.
O, quel talent pour nous décrire
La condition des emmurés !
Quels élans pour nous promettre
Le grand soleil libérateur !

Et j'ai souri de son sourire
Si prometteur pour nous parler,
Prostitué, du grand demain,
Des pures amours.

C'est aujourd'hui mon ange
Que je t'ai pris pour te clouer
Sur mes étoiles,
Pour t'arracher à la boule ivre
Et m'élancer, toi dans mes bras
Vers le grand ciel de la planète
Du pur amour,
Dès aujourd'hui, non pas demain.

Tas d'ossements porteurs de tripes !
Notre planète ils la connaissent,
Mon ange bleu, aux yeux ternis
Des télescopes.
Au haut des cieux ils la recherchent
Au fond des nuits. Les plus savants
Enseignent aux autres
Oui, qu'elle existe, on le dit bien,
On le croit bien, très loin, très loin !

Et qu'il faut bien des miroirs
Pour essayer de te capter
Lumière douce
De ma planète.

Moi, mon doux ange,
C'est aujourd'hui que je te prends
Pour t'enseigner comment sortir
Du marécage aux nuits
Du temps d'exil et t'élancer
Vers le soleil du jour unique,
Sans crépuscule et sans ténèbres,
A l'aube pure de création,
Du simple jour de ma planète.

De la prison la porte étroite
Est tout ouverte.

Oui, je bondis
Au fond du ciel
Toi dans mes bras
Pour te clouer
Dès aujourd'hui
Sur mes étoiles
Moi dans tes bras
Et contempler
Du haut des cieux
Le grand ballet
De nos planètes

MIETTES BIBLIQUES

ADAM

L'homme descend du singe
Disent les hommes.
A ma ressemblance et dans mon ombre
Il est conçu,
M'a dit l'Eternel.

ÈVE

Couple infâme,
Couple de héros,
Identité extrême
Des contraires durcis...

NOË

Le vent, le vent, le vent souffle
Que poussent les moulins à vent
Il souffle, il souffle, il souffle
Et déjà l'aurore des morts s'annonce...

ABRAHAM

Je suis un prince étoilé.
Dans les cieux mon bichelot bondit.

ISAAC A MORIAH

N'aurait-il pas mieux aimé
Se trouver ailleurs
Isaac à Moriah ?

VISION DE JACOB

Ici je n'ai rien vu
Et là le ciel s'est ouvert.

MOÏSE

Entre les pôles
Les dix paroles
Carambolent.

DAVID

Dans mon âme le rythme a retenti
Et le silence s'est tu.

SALOMON

Avec des étoiles
Salomon joue aux billes.

JÉRÉMIE

Le fond du désespoir
Soudain s'affaissa.
Projeté dans le vide,
Les doigts sanglants encore
D'ongles arrachés au mur de ma peur
Où grondait la guerre,
Je tombe et tombe et tombe,
En ma chute exaltée
Où m'accueille le silence.

ELISÉE

Hosannah !
Car j'ai découvert
Une mine de rien
Où s'abreuve mon âme.

BALAAM A SON ANESSE

Le temps et l'espace
Noués
Aux noires magies

Du rien
Je m'enhardis
Au ciel
A l'éternité
D'un songe

ELIE

Entre nous, Seigneur,
Le silence s'est incarné,
Et j'ai vu la Folie
Brandir immense
Le spectre de la détresse.

RACHEL

Je voudrais que tu me détruises
Afin que mon cœur
Réduit au silence
Se confonde
Au pur cristal
De ton amour.

SARAH

Les gerbes suppliantes
Des feuillages du ciel
Succombent au poids
Du fruit lourd d'espérance.

Bouquet d'artifice,
Au feu d'apparence,
Elles éclatent et puis meurent
En glands de lumière.
Sonores, leurs couleurs
Mordent le silence
Et dans ma nuit tissent
Leurs très folles banderolles d'amour.

ISAIE

J'étendis mes ailes blanches de vent,
Je m'élevai dans les airs,
Et dans le firmament ravi,
Seul, miraculé,
De mes mains je pris le visage
Du soleil
Et mes lèvres baisèrent en tremblant
Ses lèvres de feu.

JONAS

Le parc ébloui
Des ardeurs renoncées
Brandit ses longues palmes
Ricin évanoui au flamboiement
De ses feuillages
J'entends monter
La morte clameur
De tes ravages.

ÉZÉCHIEL

Pluie d'étoiles sur la terre,
Joie semée,
Semence récoltée,
Triomphe exalté
De toute vie renoncée.

DANIEL

Dans l'ovale des mondes
Un visage m'apparut.
Lié
Dans sa chevelure
Un homme
Priait.

ISRAËL

Bondissant d'étoile en étoile
Il rugit, le lion d'Israël,
Il sourit, le lion de Judah...

DIPTYQUE

OCCIDENT

Le penseur de Rodin
Se débat, se raidit
Et puis se meurt.

ORIENT

Et là-bas
Le penseur de Rodin
S'effondre au seuil
Du Nabi.

MARCHES

Tulipes, pivoines, candeurs cachées
D'amours secrètes,
Parfums brûlants d'encens,
Forêts muettes des joies données
Pouvoir aimer, vouloir brûler,
L'ardeur nouée des corps liés,
Iris, jasmins, jardins mystiques
Des nuits niées,
Je chemine au jour ployé,
Vers le soleil d'amour donné.

Dans un baiser
Le sein de chair du corps aimé s'est renoncé.

Pour naviguer sur l'océan
Du cœur ouvert, je bois le sang
D'une âme neuve,
Je plante un lys au creux des nuits
Et chante l'offrande
Du nom secret, pôle, beauté,
Fiancée donnée au sang d'amour,
Abandonné d'Orient très nue,
Les doigts noués aux doigts voués.

Ame attentive au rien des nuits,
J'allume en ma forêt
Le feu du ciel sur un front,
Prononce le vœu du trèfle
Au creux du roc,
Pénètre dans sa blancheur
Le ventre aimé,
Et bois le sang d'un Prince ailé
Au ciel caché.

Le sein sanglant,
Je chevauche le corps offert
Aux neiges.
Survole dans le soleil
L'être embrassé.
Le verbe unir-aimer se dit
Dans la folie d'un rut vainqueur !
Je déchire la nuit maudite et ses frayeurs
Pour annoncer le sang d'aurore
A ses guetteurs.

Je décloue le corps vaincu
Puis j'insuffle — regard de fou —
Le feu du ciel dans le sein mort.

Ressuscité, il prononce
Le Nom caché, gloire promise,
Langage ailé, mystique archange
Du peuple aimé.

Je hante l'antre promise au ciel des bois.
Sur mon toit, rire de joie,
Je vois tomber l'agneau du ciel,
Alléluiah !

Du peuple lié, je dénoue,
Tout sacrifié, le fou du ciel,
Et cours à ses côtés,
Folles curées d'âmes offertes
Au pacte antique
Renouvelé.

Agenouillé, je vois rouler
Le feu mystique.
Ours envolé
Aux horizons sans fin des mers,
Sagesse apprise au creux du roc,
Le verbe aimer est crucifié
Au feu des nuits.

Un peuple d'ombre, torche allumée, surgit d'un gouffre.
Une biche à ses côtés
Chante de gloire
L'homme annoncé.

Il ressurgit du fonds des âges
Le peuple du long exil,
Et chante
Le nom caché de son amour.
Forêts nouvelles
Sur les rocs antiques,
Je fais entendre un chant promis
Car j'ai dansé au cœur des nuits
Avec la vierge, hymen offert,
Ballet mystique, o noce neuve !

Et je chevauche le long oubli
De ma misère,
Pour accrocher dans les étoiles,
Envols et pluies d'aigles splendeurs,
La guirlande
Pourpre d'espoir.

Bouche sanglante,
Râle, agonie,
Larmes et jeux d'enfants qui brûlent
Tranquillement au crématoire
Du frère allemand,

J'étranglerai la voix qui pleure
Pour écorcher, rire d'histoire,
La folle folle
Vengeance folle,

Dans les étoiles.

Enfants qui jouent dans la lumière,
Balcons ouverts des belvédères
Lieux apaisés de ma Judée,
Je dis l'espoir du peuple neuf,
Toutes tes fleurs, ma Galilée,
Prairies de lys, près d'Askalone
Ton incendie, golfe d'Elath.

Car je brûle dans la ferveur de tes murs, Jérusalem.

Au mur de fer d'Europe noire,
L'homme de bronze
Troue le ciel, lourd de nuages,
Pour y jeter le sang maudit
D'ombres mortes.

Je veux crier le nom
De mes amours à tous mes frères,
Leur annoncer le sang des nuits
Et trépasser dans l'agonie
                    De mes amis,
Pour égorger, furie de l'ourse,
Le cri plaintif du père veuf.

Christ accroché, rouge velours,
                    Ocre sculpture
D'hommes broyés au sang des nuits.

Le feu du ciel,
Aux mains du fou, o paradoxe,
Est un jouet livré pour châtier
Nos magies noires.

Refus mortels, attentes,
Dans mes grands ergs
Je chemine assoiffé,
Au fond du val sans espérance.

Le fusil tue
Un nourrisson sanglant encore.
Je déchire le sein des vierges,
Les pieds trempés du sang versé,
Le front moîte des hontes bues
D'iniquité, je vois valser
Des serpents verts, prostitués
Sur des lits d'or.

Oui, j'ai saigné sur des déserts.

Je survole des cordillières,
Pour savourer des continents,
Je chevauche des villes noires,
Et bois l'horreur, grands collecteurs,
De vos égouts.

Je combats, sinistre avare,
Le crocodile au fond du Nil,
Près de Khartoum, pour écorcher
Sa carapace et déguster
L'odeur musquée d'œufs avortés.

Pattes palmées, plaques arêtes,
Je déchire l'hydrosaurien,
Pour engloutir son cœur de sang.

Puis je surgis dans les déserts
Pour arrêter les torrents
Qui déferlent des cieux voilés.
Je chemine près du vieillard
Et plonge nu dans la Mer Morte...

Au fond des eaux je découvre
La porte ouverte,
Gouffre de poix, anse cachée,

Amer signal d'yeux aveuglés,
Présences glauques,
Devineresses
De ma tendresse.

Je porte dans la forêt
Vos lourds ennuis. Je rachète
Apres douleurs, souches racines,
De vos péchés

Tombeaux ouverts, râles vaincus,
Haleine et vie de trépassés,
Au fond des eaux, j'ai déversé
Mon angoisse —

— Puis je bondis au fond du ciel
Pour à coup sûr dégringoler

— Hors des étoiles.

Silence et nuit des vraies amours,
J'accouche de ma grandeur
Pour la jeter au fond d'un puits.

L'enfant danse dans l'harmonie
De son corps nu.
L'azur joue aux reflets du glaive
Qui déchire sa peau trouée.

Le sang qui pleure
Me fait chanter.

Agenouillés à Zanzibar,
Des hommes voient dans leur cœur
L'arbre à pain
Sur les rives indiennes.

Je m'enfonce dans les sables,
Jusqu'en ce lieu des grands silences
O foi jurée, o roi d'amour.

Ghettos ouverts aux vents des grâces
Je convoque le pain de vie
Pour en nourrir la faim secrète
De mes cimetières.

Car j'ai troqué l'homme mortel
Aux sources
Du banquet pur.
Blanche présence au cœur obscur
Des ghettos engloutis,
Les symphonies chantent dans l'antre

L'enivrement du vin.
Tout assouvi je vois monter
La foule aveugle aux résidences
De mon rocher.

Oui, j'ai pleuré, chagrin d'enfant,
En lui ouvrant l'accès secret de mes palais.

Offrande amère, o, ma tendresse,
Je découvre, vertes pustules,

La chair lépreuse
Du baiser jaune
Sous la morsure
De lèvres mortes.

Et je crie pour délivrer l'enfant déçu
Du désespoir de viles offenses.
La mère odieuse est châtiée
Elle égorgeait l'amour venu,
Pour garder son masque.

Apres clameurs des cieux promis,
Je vois danser en tourbillons
Les feux follets de mon amour
          Aux crépuscules
          Des liturgies.

Riant fort, l'homme remit
          La coupe pleine
Du cœur de vie, aux doigts diaphanes
De son enfant, cheveux au vent,
          Joyeuse fée d'amour.

... Et riant fort, il s'en alla
Sur les nuages, sa mandoline
Jouant au ciel, la ritournelle
Du cœur d'amour aux doigts d'enfant
          Abandonné,

Chantant au vent la nuit sans fin
Des yeux fermés, et le réveil,
Pure lumière au baiser clair
De l'enfant d'or au cœur ouvert,
Dansant au ciel un menuet
Sur des étoiles...

Lys exalté dans le charnier
Du long exil, je vois fleurir
Le ventre aimé de la promesse,
S'ouvrir la main longtemps fermée :
Je prends la clé de mes jardins.

Val secret des parfums,
Rose au vent des sables,
        — O Rose éclose,
        Voûte charnelle —
Je bois le sang du cœur offert,
— Dans un baiser, ta volonté, o, bien-aimé ! —
Folle promesse, unité faite,
        Toute défaite
        De mes paniques,
        Au ciel offerte
        Gerbe promise
De l'union des volontés.

Peuple nouveau ressuscité,
Ta cavalcade déferle
Sur des chevaux d'apocalypse.

Voleur de feu, aux servitudes
Des veilles longues,
L'appel secret
Du verbe aimer s'exalte.
Coïncidence de mes jointures
Aux gonds d'éternité,
Le cœur s'ouvre
Aux solitudes de mes baisers.

Poitrail ouvert sous mes coups vrais,
Je combats l'oiseau vermeil
Pour encager dans mes entrailles
La tourterelle
De mes aïeux.

Je dévide sur mes rouets
Les écheveaux de mon espoir
Et sur les ailes
Du dévidoir, je vois perler
Pupille rase,

L'œil embrasé d'un séraphin.
Ange je suis ou presqu'un ange
M'a dit l'enfant apprivoisé.
Et j'ai remis entre ses mains
Le frêle oiseau venu des îles.

Caravelle d'éternité,
Marie présente
Aux tournoiements d'ivres étoiles
J'embrasse de mes lèvres
Tes mains ouvertes,
Au frêle oiseau.

Et je chante sur la jetée,
Départ de joie,
Ta voie prochaine
D'éternité.

Je suis présent dans les tempêtes
　　　　De mers indiennes.
Je vois monter, près d'Akaba,
Reine des eaux, une fée verte.
J'enlace ses seins vermeils
Et baise sa lèvre rouge
D'éternité, vierge marine,

Joie donnée, danse
　　　　Aux arches
　　　　De mes châteaux.

Le cœur aimé de mon amante éclot,
Route d'azur semant le rêve
Aux magies de mon vouloir.
Vasques de fleurs des buissons aigres
De mon savoir, je renie
Tout mon avoir, pour jouir en toi
De tes pouvoirs. Je veux
M'offrir à toi, dans la morsure
De n'être plus.

Blanc minaret au crâne roux
De mes déserts sur ta colonne
Je monte pour contempler
Le jet sans fin des sanglots
D'une hirondelle.

Tous les secrets du cœur
Sont mis à nu ; je peux livrer
Guerre acharnée aux ombres
De mes désirs.

Oui j'ai brûlé tous mes orgueils
Au fond d'un bois auprès de toi.
N'ayant plus rien devant mes yeux
Le nom secret s'est dépouillé de son mystère.

Soudain léger, je chevauche
La règle d'or du don de soi,
Pour découvrir au fond des voûtes
La voie cachée de ton vouloir,
O, Roi vivant.

Secrets baisers, pures étreintes,
Les feux d'amour brûlent
Les neiges d'Alpes mystiques.

Des carnavals sont crucifiés,
        Sur la roue d'or
        D'un ventre aimé.

Oui, je lève la coupe pleine
        Du vin vivant
Pour m'enivrer de son mystère
        Aux lampadaires
        Du fond des cieux.

Je renonce, jardins et parcs,
Iris, jasmins, o, fleurs écloses,
Pivoines, lys, je renonce
Loin des sentiers à vos parfums,
        Pour contempler
Buissons de feu, simples violettes,
Un lac sans rides, danse d'étoiles,
Au bras levé des cordillières.

Je pénètre en l'eau profonde,
Oui, je parle à des poissons
Aux cordillières d'Andes antiques,

        Et je joue avec des fées
        Dans les forêts
        D'Afrique Noire.

Je vois mourir aux Amériques
Ma reine blonde.

J'accours sur les nuages
Pour recueillir son dernier souffle.
Je chevauche des coursiers fous
Tout déchaînés sur l'océan,
Traverse des cieux fermés
Et crie aux portes closes
D'antiques clefs.
Dans les forêts continentales
Aux incantations des voix
Je vois s'ouvrir des jungles vierges.

Panthère noire au sang des nuits,
Je parle à l'éléphant,
Tutoie de vieux lions,
Caresse un buffle aveugle.

Le lait de folle étreinte se goûte
Dans les forêts
De mes Carpathes.

Aux Amériques
Je vois mourir ma reine blonde.

Je sanglote loin des regards,
Sur l'océan des coursiers fous.

Je déchaîne un peuple entier,
Marche à ses côtés
Au long cortège
De mes amours.

Je rapproche les continents
Et bondis au fond des âges
Pour ramener le fil brisé
Des traditions
Assassinées.

Ma reine blonde
Folle d'amour
Sur ses brancards
D'éternité.

Coupe du Graal, au secret d'aube,
Je bois le sang d'un torturé,
Et vois son nom éclabousser
Les anges noirs des cieux déchus.

Ma reine blonde
Morte d'amour
Au grand lit d'or
De mes baisers.

Barricadé au fond des grottes,
J'ausculte des fées austères.

Bouche sanglante,
Splendeur des ventres,
Je vois passer, velours des voiles,
Des vols d'archanges.

Le long exil a bu ma vie
Dans ton attente au fond des nuits.
Accroupi sur mes tapis,
Aux horizons de mes azurs
Je contemple l'absence

Du verbe aimer.

Corps privé d'âme,
Sans pieds, sans mains, sans cœur, sans tête,
Sans yeux, sans peau, j'attends
Le verbe antique au silence

De mes ghettos.
Les parchemins ensanglantés
Habillent bien mes nudités.

Je valse sur le puits mort
De mes espoirs dans l'hémicycle
De l'univers, sur les musiques

De mes squelettes.

De grands oiseaux jaillissent,
Envols de l'aigle
Pour déployer sur l'univers
Les guirlandes,
De ce message
D'allégresse :

Ma reine blonde
M'a fait franchir la porte étroite
Dans le rocher.
Au cœur des nuits, au fond des grottes,
La rose vierge
Me fut donnée
Alléluiah.

De blanc vêtu, oui, de lumière,
Je sors des marécages,
Pénètre le cœur obscur
Et marche sur les eaux claires.

Privé de tout et de moi-même
O, nudité de mes amours,

Je franchis le mur épais
De l'illusion.

Les franges d'ombres meurent
O, mon soleil.
J'émerge, privé de tout et de moi-même
Dans la nuit sans nom, sans fin
Du rien.

Rien, rien, rien,
Sur la face de l'abîme.

Rien, rien, rien,
Sur la face de l'abîme.
Rien,
Ni même un mortel et mortel ennui.
Rien, rien, rien,
Sur la face de l'abîme.

Au rien du cœur, rien ne demeure
Maison ni rue, mot ni colonne,
Homme ni femme
Pour les nommer.
Prairie, bosquets, aucune fleur
N'a de parfum :
Les crépuscules
S'éteignent aux nuits sans nom, sans fin du rien.

O, nuit suave, o, riens du cœur !
Frêle apparence
D'ombres terrestres,
Nul œil ne vit ce que je vois
Au rien d'abîme
De mes cavernes
Au fond des cieux. Suave nuit
Où je savoure, lèvres, lumières,

La meurtrissure
De ton baiser.

Des essaims d'anges m'assaillent :
J'assiste à leurs conseils,
J'écoute leurs grands silences,
J'entends leurs concerts, et vois
D'ivres trésors, dans l'épicentre
De mon amour.

... Des essaims d'anges
Sont accroupis aux silences
De mes cavernes...

... Oui, j'ai parlé
A l'homme blanc
Pour lui donner
L'ultime clé
De ses palais...

En ce début, je sais d'abord,
Au grand labeur des rédemptions,
N'être plus rien que balayure
Au vent jetée de tes tempêtes.

Mon univers, muette ordure,
Aux grandes danses
De mes planètes,
Que balayure au vent glacé du grand voyage
De mes silences.
Vacarme tu, j'entends le chant des mers,

Sur l'océan, les fées de lune dansent
Aux rayons de ta lumière,

Mon espérance.

Je bondis dans les étoiles
Pour rassembler tous ceux que j'aime,
Et les jeter du fond des siècles,
En bataillons de mes armées,
Sur les démons fous déchaînés
        Dans la ténèbre
        Des nuits fermées.

Je décroche des cieux d'attente
Le Roi-Messie, interloqué,
Pour le lancer dans les combats de son Royaume.

Vivants et morts sont convoqués
Pour affronter le jugement présent — dernier.

Affolé, je remonte au fond des âges
Pour chercher le nom de mes amours

Ils ont tué l'enfant chéri de mes entrailles :
Il est pendu aux arbres morts de vos artères.

Je vais au fond du gouffre
Des cimetières
Parlementer avec des morts.

Des gros tout ronds, des grands tout maigres,
Petites grosses,
Femelles sottes
Et gros mammouths très importants.

Sur une tombe
Je lis le nom d'un de mes fils.
Je marche, dans des charniers, sur des montagnes
De chevelures.

Je les saisis et glisse dans l'atmosphère
Pour les suspendre en mes planètes,
Ces souvenirs du temps des morts,

Au grand Hallel
De mes victoires.

Je déchaîne le vent brûlant d'Alléluiahs.
Par mes trompettes je réveille le Roi-Messie
Qui attendait au fond des cieux, très solitaire,
La fin des temps.

Je pénètre le sein désert d'un continent,
Endormi sur une aurore, je surgis
Dans le soleil des nuits polaires.

Je pourchasse le parchemin des voix
Qui flotte au vent des réveils.
Je tends mes poings vengeurs pour les brûler
Aux feux de garde des crématoires.

Je donne enfin,
Dans un sourire,
Mon cœur souffrant
A la fée bleue.

Au fond du puits de solitude
J'attendais une main frêle
Pour essuyer sueurs de sangs et larmes tristes,

Une main tendre et tout humaine
Pour étancher larmes de sangs, tristes sueurs,
De mes malheurs
Du temps d'exil.

Un poing me frappe.

Le grand fracas des guerres éclate,
Le rut vengeur de mon attente en mes calvaires,
Déferlement de haines
Aux cueillaisons
De fin des temps...

Et je t'embrasse,
... Glaive de l'Ange !

Sur l'océan des blancs linceuls
Une enfant triste avance.
Elle cherche le père absent et m'offre
Sa lèvre jeune.

Pour la remplir d'un chant nouveau
Je l'ai conduite aux secrets du fils de l'homme
Prince d'étoiles,
Pour qu'elle y cueille
La fraise neuve
De son amour.

Et j'ai chanté tous ses envols.

J'ai tout livré à son ivresse —

— Oui, j'ai tremblé de son baiser.

Le parc enclos garde un parfum de troupeaux ivres.

J'y enfouis mon âme ancienne
Pour mieux chanter l'aube nouvelle

Le cœur léger s'élance
Tout délivré des fantômes,
Aux cimes
Des forêts saintes,

Fleur de lotus au lac sans rive.

Poisson secret, j'ai cheminé dans les sentiers
Des premiers âges.

Deux millénaires
D'éternité,

Deux millénaires
Pour mes exils,

Deux millénaires
D'éternité.

Œil pur en tes mains vierges,
Je vois mourir le monde veuf,
Regard d'abîme à l'homme offert...

Les pluies d'étoiles jaillissent.
Au ciel de mes grimoires.
Leur lumière aveugle ma nuit.

Je chemine au fond des âges,
Poisson secret d'éternité,

Et contemple la nuit obscure
Des sens brisés aux feux de grâces

De tes baisers.

Au fond des mers, gisent les reproches
Du corps englouti dans les sanglots
Du jour dernier.

J'ai reconnu la mère vierge,
L'enfant cloué pour ce rachat
De leurs péchés.

Bouc émissaire en ma planète,
J'ai racheté ce que j'ai pu
Avec le sang de mes agneaux.

Oui, j'ai offert, part imprévue, la pluie de larmes
D'anges alertés.

Je vois passer, jument des eaux, un hyppocampe.
Je saute, gnome tordu, sur sa croupe maigre
Pour pénétrer l'escargot d'un infini
Au fond des mers.

Je t'ai voulue, grotte de feu !

Tête ployée, dans mes genoux, sur mes tapis
Aux prairies des rocs,

Je contemple des forêts
Et traverse un rocher,
Pour accéder au mur ultime
De mes désirs et les défaire,
Grotte de feu,

Sur mon cristal, au fond des mers.

J'ai épousé l'ombre du cœur
Pour asservir le concert ivre
De mes soupirs et les jeter
Tout desséchés, dans l'incendie des feux du cœur.

Saltimbanque des cieux
Au fond de mon désert,
Mon élan me pousse
A franchir en toi,

Le mur de mes prisons.

Sur les dunes, les rocs,
Au sommet de tes pôles,
Au trapèze d'étoiles,
Je bondis, o voltige
D'amour,
Libéré de mon poids,
Par tes doigts de tendresse.

Projeté hors des nuits, au-delà de tes jours,
Je vois monter, aux soubresauts des mondes,
Les régates du verbe, les hourques d'espérance !

Des fées les hâlent, vers les fleurs de lotus
Scintillements des jours sur les eaux du fleuve,
Envols d'albatros dans la paix de mon ciel,

Pour le déchaînement du gymnase des voûtes.

Et j'exulte d'être léger sur tes étoiles,
Saltimbanque des cieux, souriant à l'enfant
Qui me tend son obole
Sur la voie lactée.

Nuit de Noël dans les banquises :
Je hâle des nefs sur un fleuve de glace.

Funambule à Khartoum, je marche
Sur la ligne blanche bleue des deux Nil.

Et chevauchant un crocodile
Je reconnais au fond de l'eau
Mon paradis, dans un désert :

Une morte cité ressuscitée

Par mes amours.

J'exulte d'être léger au fond de l'eau.

Prince d'étoile aux chevelures
De firmament, je vois
L'aube au fond du cœur des cieux enfouis,

La nuit où mon esprit
Gémit au verbe ensanglanté
Qui le transperce au glaive de sa clameur.

Je m'abandonne en cette étreinte
Et me remets en ta bonté
Corps secret, repli d'amour, au baiser d'or.

A tes genoux, je me prosterne,
Ta main se tend et je la baise
N'osant encore, lever mes yeux vers ton regard.

Sur ton sein nu, je m'abandonne,
Présence au don très âpre,
Où tout mon corps crie d'allégresse en ton étreinte.

Dans l'infini de ton royaume,
Inassouvi, dépossédé,
Mon cœur gémit des joies toujours futures.

Dans ta présence, o, roi d'amour,
Agenouillé au seuil du gouffre,
Je vois mourir les soleils de mes idoles.

Dans l'innommé, boule de fange,
La terre est morte et se dérobe
Sous mes genoux, moi suspendu dans ta lumière.

Ma foi lucide en toi me porte,
Ouvre mon cœur et dans mon sang
Trempe tes lèvres, bois ma vie, prince de joie.

Pour que je meure en ton baiser,
O, pureté, d'amour brisé,
Titubant en ton ivresse, éternité.

Je ne veux plus que te chanter dans l'allégresse
De ton baiser,
Je ne veux plus que t'adorer dans le silence
D'un parc,
Je ne veux plus que célébrer l'immensité
De ton royaume, t'exalter dans la joie
De tes pivoines,
Au ballet
De tes oiseaux, pure splendeur d'âmes saintes.

Je ne veux plus mon vouloir propre
Mais m'incliner, o, Volonté, dans tes mains dures.

N'être plus rien qu'un peu d'amour inutile
Au fond d'un parc clôturé,
Qu'un peu d'amour offert au ciel pour que l'oiseau
Vienne manger la chair donnée,
Boire mon sang, et te chanter, o, liberté.

Un peu d'amour écrasé pour que la bête
Puisse broyer et s'assouvir de mon néant,
Donneur de vie, en ton baiser, o, liberté.

N'être plus rien qu'un peu d'amour
Agenouillé au fond d'un parc.

Dans les échos des capitales
J'entends tes sanglots

Coupe de cristal.

Au cœur des nuits, remplie du haut tumulte
D'hommes déchus, tu ruisselles aux déchirures
D'âmes maudites.

Le riche avare et la perruche,
L'aigre vantard et l'assassin
Se tapissent au fond des salons.

Dans les tourments des capitales
Tes sanglots supplient,

Coupe de cristal.

Danseurs de corde, funambules,
Cabotins, clowns et ventriloques,
Equilibristes et saltimbanques,

Dans ton miroir, coupe de cristal,
Je mets le monde à nu et m'enivre

De tes sanglots.

Je recueille tes notes
Aux échos des fins de monde.

Bouses fangeuses
D'égouts éclos
Des mains sanglantes
De Melpomène,

Je purifie votre souillure en tes musiques,

Coupe de cristal.

Je cours jusqu'aux fontaines
De mes Jourdain pour te laver aux eaux lustrales,

Te purifier en mes rivières
De leurs souillures, coupe de cristal,

Et m'enivrer de tes breuvages
Purs de vos fanges,

Egouts sanglants
De maints dégoûts
De Melpomène.

Je hante les aurores d'Orient
Pour te remplir des rosées,
D'un verbe pur de vos souillures,
O, Capitales,

Et m'enivrer en vos murmures
De vos morsures,

Lèvres de cristal.

Coupe, coupe de cristal,

Enfouie au roc de l'âme,
En tes reflets, je vois le feu venu sur terre
Du cœur des cieux, éclatement de tes sanglots
En mes ténèbres,

Je suis tendu vers ta lumière,
Coupe, coupe de cristal
Enfouie au roc de l'âme,

Pour écouter le chant
Jailli du feu de mes exils,
En tes reflets
Dans l'incendie de mes ténèbres.

Agenouillé devant tes flammes,
Le jaillissement de tes musiques me berce
Aux étincelles
Des nuits profondes,

Au cœur du roc,
En ta caverne.

Je pleure tes déchirements
Aux échos de mes clameurs,
Je t'accueille et te remplis
De mon sang,
Pour te porter jusqu'à mes lèvres,
Et m'enivrer de ton mystère au cœur des nuits.

Coupe, coupe de cristal,

De ma lumière en mes forêts
D'ivresses purifiées,
Je peux te voir, immobile, abandonnée,
Rayonnante, donnée

En mon sang au cœur des nuits.

Et je te bois, vin de mon ivresse,
Pour accueillir en mon cœur

Le sang donné de ta lumière.

Agenouillé devant tes flammes,
        Je vois
Le cœur des cieux, l'azur,

Et je frémis d'adoration pour ta clarté.

        L'ivresse captive
En ton diamant au cœur du roc,

Le sang donné de mes puissances
En ta caverne o, nuit obscure,
Baiser de sang tout ruisselant
Des lèvres aux déchirements des rocs.

J'ai sangloté d'absentes mains
Geste nié d'offrandes vives,

Tes abandons au creux des nuits,
O, solitudes,
O, rocs, o, grottes
Illuminées en tes reflets de sang donné

Aux voies des nuits.

Je n'ai cessé de t'adorer en tes lumières
Fauves et folles
En mes exils.

Ivresses bues, écrasements de mes défaites,
Loin de toi je roule aux abjections
De mes boues
D'étreintes lâches.

Mon regard luit de ta lumière
Aux reflets rauques de ton cristal,

Coupe, coupe de sang.

Le passé se mire
En ses douleurs,
Crucifixions des peuples
Aux échos
Des nuits de sang.

Crânes des villes,
Egouts armés,
Vies crucifiées,
En tes douleurs,
Oui, j'ai pleuré,
Folie de dieux offerts tout nus aux mains des hommes.

Ai-je regretté d'être présent
Tout inondé des pluies du sang ?

J'ai dû marcher sur tant de morts,
Et j'ai frémi de tant de peurs
Et j'ai subi tant d'agonies

Que j'ai cru voir en mon délire

Mourir la mort.

Mourir la mort ?

Ce n'était rien, ou rien qu'un rêve,
Rêve d'Orient au fond des mers,

Mais j'ai souri d'être vivant.

J'ai alerté un peuple neuf
En lui disant mes rêves.

J'éveille des morts
Au fond des tombes.

Ils doutent ressuscités, d'être vivants !

Je danse, pour qu'ils s'enchantent
De leurs musiques.

Aux cimetières
Désaffectés
J'accroche
Mon écriteau :
« Fermé pour cause de décès,
La mort est absente. »

Faut-il sourire de ma folie ?

Je renonce à ma sagesse,
Epouse le cœur d'un dieu,
Donne ma peau bien vide
A l'enfant qui vole
Au fond des cieux l'accrocher
Sur une étoile.

Je marie tant de fantômes
Que je finis par détester leurs fantaisies.

Et, solitaire,
Je découvre bien des vertus au mariage.

Agenouillé sur ma pelouse,
Et contemplant au fond des cieux
Ma peau trouée sur une étoile
Je pense et danse pour le prouver,

Très solitaire.

Mais libéré d'un poids
Je peux chanter la délivrance.

J'ai dialogué, près des comètes
Avec un sage désincarné
Qui s'accrochait après leur queue.

Il m'entendit et lâcha tout pour mieux voler

Nous étions deux, d'une même ivresse
A dévorer le miel des cieux.

Nos volontés tout aiguisées
D'unité faites étaient parfaites
De nullité.

Le grand soleil nous consuma de ses feux ivres
Et nous chantions, tout dévorés, en sa nuit noire :

Nos volontés
En vérité
D'unité faites
Etaient parfaites
De nullité,

Et nous chantions dans la nuit noire.

Vierge présente aux cieux de la pensée,
Vers toi je tends mon espérance, arche
De vérité et sur mon front, ta main me signe
Aux échos de ton amour, vierge très chaste.

Vierge présente en mes abîmes,
A toi j'ai dit mon nom secret,
Et tes mains perlent de mon sang
Au feu des nuits renoncées.

Ardentes nuits, vastes déserts,
Eblouis d'entrailles closes,
Oasis, palmes,
Vierge assoiffée, je bois le sang du sein donné.

Au fond des cieux surgit
La main sanglante, o mon effroi,
De mes terreurs et de mes guerres
La violence éclate
Aux grands fracas de mes émois.

Agenouillé dans mes cavernes,
Dans les forêts de mes désirs,
Je trahis mes avoirs,
Pour me ravir à ses vengeances,
Me soustraire à ses fureurs.

Voici les ruines
De la demeure, l'incendie
Dans les jardins des oasis,
L'écroulement des univers
O, vérité, de ma ferveur.

O, destruction des sources
De mes amours, parc ravagé
Dans les orages de tes colères,

O, foudroiement, renonciation
De mon vouloir, de mes puissances !

L'arbre se dresse en ton ciel
Il se dépouille de ses feuilles
Accède en ton vouloir
A ton non-être.

Ton feu rédempteur
Brule un bois vivant.

Les mains jettent l'outil,
Elles renoncent à l'œuvre
Aux plans précis d'humains désirs
Elles se joignent sur le rien
De ton amour, pour supplier.

Dans le néant sur l'abîme,
O, gorge offerte aux passions,
Regard clos, présence sans voix,
J'ai chaviré aux éloquences
Torturantes d'étreintes pures.

Aveugle nuit, ô joies cruelles
Des infinis de ta présence,
J'ai dû me taire, en mon tourment.
La main sanglante, o, mon effroi
A tu le nom de mes terreurs.

Mon cri s'étrangle, je contemple
En ma nuit, o, toi sans voiles
La chevelure vagabonde,

Que je caresse au lit nuptial
Des agonies de tes étoiles.

Je dissocie, regard lucide,
Le corps du voile, l'os des moelles,
Et délivré des apparences,
Je peux brûler, en ce baiser
Toujours futur de mon amour.

Mon corps voué aux morts
Du non-vouloir chavire
Au fond du gouffre au nom d'amour.
Ma lèvre s'offre aux flammes,
Pour jouir du feu de ton soleil.

Tournoiements, danses
D'un ange, je marche
Au fond des mers pour rechercher
La perle, o, larme,
De ma tendresse au fond des gouffres.

Surgit la main puissante
En ses forêts d'un ours.
Je la saisis, chance des vies,
Oui, je franchis tous les rochers,
Les murs épais des cordillières.

Déménageant de ma planète,
Le cœur des nuits s'ouvre,

O, mon attente, o, froid polaire.
Englouti de lumière.

Agenouillé sous le poids
D'Himalayas exaltés
La grotte obscure m'accueille.

J'ai mis le feu au cratère des rocs.

Les nuits aux mains ouvertes,
Ma peau trouée négligemment
Jetée là-haut, sur le feuillage
D'un val lunaire, et moi sans peau,
J'accueille l'enfant d'amour.

Je l'enlace
Dépouillé de mes sens,
Au cri des cordillières.
Agenouillé, grottes sonores,
Aux purs émois d'Himalaya.

Dansant de joie sur mes musiques,
Je cherche l'issue
De mes prisons. Point n'ai voulu
Sommeil, repos, ni les mensonges,
Philosophies, de vos réponses.

Je médite de vieux grimoires,
Dans les déserts
Loin des foules,

Aux solitudes des dunes
Où je découvre un peuple fou.

Au fond des ergs, je surgis,
Dressé tout nu dans la tempête
Des siroccos brûlant de sables,
Je subis l'érosion
De leurs baisers et de leur langue.

Ma peau usée par la morsure des sables,
Laisse couler mon sang pour eux.
Aux hurlements du vent des dunes
Ils boivent, dévorent
Ma chair saignante en ricanant.

A l'erg offert en ce festin
Les symphonies du vent
Me bombardent de grains de sable
Mes yeux bientôt rougis contemplent
Les agonies d'un corps exsangue.

Mes yeux ouverts baignent dans le sang
Des chairs mangées, au vent grimacent,
Pleurent de mort, dansent aux sables,
Et prient aux solitudes
De ton grand erg, mon Sahara.

Des os bientôt jonchent la place,
Un peu de chair, un peu de sang,

Et puis plus rien qu'un peu de blanc
Au grand baiser des dunes vierges
Sous tes yeux fous, soleil sanglant.

Et dans le vent
Riant de joie
Je t'ai chantée
O, délivrance.

Suavité des chœurs d'archanges
Pour ton grand œuvre, délivrance !
De ton glaive, Michel, o garde
Tous mes élans dans le ciel
Délivré du Dragon
Que de ta main tu as tué !

Suspendu au sang du glaive,
Je vois périr les légions
Aux feux bivouacs de tes combats.
Libéré des démons d'âmes cassées,
J'entends l'alléluiah des chants de gloire !

Garde ma joie, gardien du chant,
Michel Archange, cristal, glaive !
Flûtes suaves
Aux échos
Des joies de ciels,
Suaves flûtes
Course infinie
De la voix mâle et de la viole.

Portes ouvertes
Des cieux nouveaux,
Chevauchements
Cavales blanches
Aux chevelures
De tes étoiles
O, Roi des Cieux !

Archanges fous,
Vendanges saintes,
Des grands pardons,
O, nuit d'amour,
J'épouse
La voix très pure
Sur les sanglots
D'un clavecin.

J'entends l'alléluiah
D'un angelot au coin d'un bois
Et pleure de tant de joie.

Un angelot m'a déchargé
De mes péchés, un enfant
M'a délivré de mes ténèbres
A bien chassé mes démons
Au sang des nuits données.

Dans le ciel monte une voix
Folle escalade au cœur d'éther
Fuse au soleil, bondit plus haut
Eclate aux ors des vraies lumières
Sans nom, sans poids, sans lieu, sans bruit,
S'envole au ciel, très angélique,
Perce les cœurs, perce les ombres,
Vrille les airs, se rit des astres
Monte plus haut, plus haut encore
Tout éperdue au fond des cieux
Trouve une issue et rebondit,
　　　Se rit des anges,
　　　Court aux archanges
　　　Vole leur glaive
　　　Revêt leurs ailes,
　　　Et rejaillit
　　　Plus haut encore
　　　S'inonde aux ondes
　　　Se glace au froid
　　　Se brûle au feu
　　　Des infinis.

Monte plus haut
Au fond des nuits,

Aveugle voit,
Très sourde entend,

Epouse un Roi
De majesté
Dans la rigueur
De la vision.

Parée de gloire
Eternité
Mendie ta grâce
Et ta sagesse.

En ton assise
En tes pardons
Des mains du ciel
Reçoit très ivre

O, ta couronne

Dans l'infini
De ton non-être
Brûlant de flammes.

Agenouillée
En gerbe offerte
Au roi d'amour
Dans le désert
De ses palais

La voix épouse
La voix venue
Au plein vouloir
De sa finesse
Dans le silence
Des volontés
Très pacifiées —

Chastes baisers
Des voix vouées
Aux unions pures

D'âpres amours.

JUDAÏQUES

Et toi, Nathanaël, qui voulais t'assouvir de nourritures plus exquises, ton nom, je l'écris ici comme sur la pierre antique aux lourdeurs hébraïques de sa signification pleine.

Et toi, offrande d'un Dieu fort, qui te perdais parmi la foule vague des plages dans la ferveur de tes agonies.

Et toi, qui t'enivrais de vins légers aux rondes de ta citadelle de sable — prince démuni de pouvoirs —

Dérisoire possesseur de la terre, aux solitudes captives de ta danse charnelle —

Toi, face au miroir dont le reflet encore inconnu put un temps te griser —

Don d'un Dieu sans visage, en ta grimace devenue torture aux bals inventés des maîtres de l'absurde —

Au réveil de vraie guerre, te voilà aujourd'hui, Nathanaël, Nathanaël en notre amitié ancienne pétrie de notre silence,

Et toi, encore, face au mur de vraie guerre contraint, aux urgences de la Ville,

A te situer, Nathanaël, dans son ombre ou dans sa lumière,

Surgis, maître du choix, dans la majesté terrible de l'offrande. Sois sans crainte au seuil du gouffre où s'égalent les pouvoirs et les chances !

Surgis dans l'admirable beauté de ton corps dont le poids de chair retenait tes élans, toi, dont le nom est d'abord liberté.

Sois sans crainte au seuil du gouffre où s'égalent les pouvoirs et les chances, pour toi, de la vie et de la mort.

Jouis d'abord, en cette Jérusalem en flammes du monde cassé, d'un regard pur, qui est exercice de lucidité.

En ce voyage où je te conduis, de toi-même sorti en mes voies folles, tu apprendras peut-être à distinguer les pouvoirs du jugement au seuil des combats de la lumière et des ténèbres.

Ton âme mi-close s'ouvrira encore à la présence de l'Autre en ton sein. Il n'est pire danger qu'en toi-même au puits des mortes solitudes.

O, transparence de ton regard, que rien jamais ne ternisse ce trésor en toi enfoui.

Refuse de voir, tant qu'en toi-même tu n'auras éprouvé la brûlure des lumières.

Refuse d'entendre, tant que, toutes voix éteintes, tu n'aies souffert l'assouvissement du silence.

Refuse d'étreindre que ton corps, à tes yeux, n'ait révélé sa fin : évite l'illusion, fuis le partage.

Distingue ta voix du verbe, tes mots de son ordre. Et sache te faire si humble qu'un jour t'envahisse la présence dont tu connaîtras l'ivresse qui ne déçoit jamais.

Vertiges des parfums : au jaillissement des lumières, tu découvriras la Rose : tu la reconnaîtras dans la solitude.

Sache que toute puissance est en toi-même : à l'épuisement de toi, accepte ton nom, ton visage, ta lumière. Mais de toi, garde suffisamment la haine pour couper tous liens avec la rive, afin que ton voyage ne soit pas chimérique.

Et renais dans la lumière.

Pars, Nathanaël, pars ; accepte le départ sans mensonge ; largue tes amarres et va, libéré d'attaches, vers la haute mer du vouloir.

Entends l'appel des lèvres mêmes de l'Amante : « Va vers toi-même ».

Sors de toi-même et pars dans la vérité de ta soif et de ta faim, Nathanaël, en un don sanglant comme celui d'une vierge. Entre nous, aux rigueurs du solstice, il n'est lien que d'amour.

Seigneur, ouvre mes lèvres, ma bouche dira ta louange.

Vide de mots et de pensées,
Vide de moi-même,
Présent à ta gloire, muet,
Me voici, Seigneur, dressé en ton sein,
Par ton esprit vidé de moi-même,
Sur le seuil obscur de ta gloire.
Ta main de lumière m'a doucement poussé,
Et je me tiens à tes pieds adorant, silencieux,
Toutes choses miennes sont mortes,
Toutes choses miennes tombent,
Lambeaux déchirés,
Parures rejetées,
Brûlées au feu de ta gloire,
Toutes choses miennes sont devenues tiennes,
O, Seigneur, dans l'offrande de ma joie
Et le feu du sacrifice,
Dans le feu de ma joie allumée,
Au brasier de l'autel.

Qu'elle soit tienne ma louange,
Qu'elle soit tienne ma prière,
Seigneur, mon Dieu, Dieu de mes pères,
Car tu agrées que je me taise
Le silence de mon âme est le chant que tu veux,
Le silence de mon âme embrasée au feu de ton amour.
Comme l'arbre de la forêt chante et danse
Au souffle du vent,
Souffle sur moi, Seigneur !
Comme la harpe suspendue aux arbres de Babel,
Mon âme silencieuse dira ta louange.

Seigneur, ouvre mes lèvres,
Place en ma bouche les mots ineffables
Qui célèbrent ta gloire.
Prononce pour moi, Seigneur, mon Dieu et Dieu de mes
Le cantique divin, [pères]
La parole issue de toi,
Qui arrose et fertilise,
Sur moi retombée en rosée d'amour,

Que mes lèvres ouvertes par toi,
En divine liturgie,
Ramènent en ton sein.

Ouvre mes lèvres, Seigneur,
Mes lèvres purifiées de leur souillure,
Par le baiser de ton amour brûlant,
Mes lèvres libérées, mes lèvres agiles,
Mes lèvres intègres,
Ouvre-les Seigneur, les lèvres par ta tendresse fécondées
Que sourde la parole venue de toi en ton amour,

Que par ta grâce tu ramènes à toi,
Silence de mon âme,
Effroi et tremblement de mon âme,
Crainte sublime,
Elan de mon être en travail divin.
Bercé au souffle de ton esprit,
Agrées pour ta gloire le rythme sanctifié,
Que ta bouche souffle en ma bouche,
Comme l'arbre de la forêt
Qui chante et danse au souffle du vent.

Mon âme abandonnée adhère tout entière
Aux résonances de ton verbe,
Mon âme calme et tranquille,
Vibrante de l'écho de ta voix,
Mon âme livrée, mon âme acquise,
O, Rédempteur,
Mon âme enivrée,
Dans le balancement de ta grâce à ta justice unie.
Elle va, vient, s'arrête immobile,
Prosternée, aimée, là où tout est silence.
Toutes choses se taisent,
Toutes choses s'apaisent,
L'être s'ouvre et s'absorbe
Au seuil atteint de ta gloire.

Toutes choses, à elles-mêmes, sont mortes,
Seule retentit ta psalmodie,

Les barrières sont mortes,
Les haines s'écroulent,
Les limites sont mortes,

Et Toi tu vis seul, Seigneur,
Toi seul, digne de louange et d'amour,
Toi seul tu vis,
Toi seul tu règnes.

O, notre Roi, o, notre Père, o, notre époux,
Féconde le royaume,
Fais retentir le psaume divin
Fertilise la terre
Visite le sein que tu t'es acquis
Féconde ton royaume
Qu'éclate le psaume.
Déclenche, o, notre époux, le rite divin !

Seigneur, ouvre mes lèvres,
Et par ma bouche prononce ta louange,
Seigneur, ouvre mes lèvres,
Et comble l'attente de l'âme ravie,
Apaise la soif de l'âme altérée,
Comble le vide et l'attente,
Libère la captive,
Dieu, Dieu de mes pères,
Prends-moi,
Chante ta gloire,
En ceux que pour ta gloire
Tu as créés.

Comme les blés, verte chevelure qui chante et danse
Aux flots du vent,
Comme l'épi s'incline et se balance,
Toutes choses se taisent,

Toutes choses s'apaisent,
La création vaincue ploie genoux
Comme un lion dompté,
Distille sa rosée,
Coule en longue pluie bénie.

Toutes choses chantent la gloire du Lieu,
La création ruisselle des échos de ton verbe,
Elle naît de ton verbe et retourne à ton verbe.

J'adore ton visage de lumière.
Ta présence en moi comme deux mains jointes
Etreint mon souffle captif de tes lèvres.
Présence, présence de feu
Pélerin du monde, je vais, aux affres
De l'homme déchiré dans ses ténèbres,
Subir en ma chair l'assaut de ton ordre.

J'adore ton regard de lumière,
Très haute présence au cœur de sang,
Présence, présence vive d'amour
Très réelle aux échardes de ma chair,
Regard de lumière qui transperce
La ténèbre de mon âme
Tendue vers ton baiser, je t'attends,
Solstice d'innocence, aux vagues
Qui assaillent le néant que je t'offre
Rédimé par ton ordre.

Cette véhémence en mon âme, judaïque,
Cette flamme aux feux de buissons,
Cet appel aux échos d'éternité,
Ce dialogue avec une voix incorporelle
Très réelle, désert, en tes étreintes,
Ce cheminement sans fin aux clameurs des mers,

L'ivre exigence de justice,
O, promesse indicible, o, feu du ciel,
Regard mendiant du pauvre affamé
O, cortège sanglant des siècles endeuillés,
L'ivre requête de justice, o, mon tourment
Haut reflux du verbe entendu au feu de nuit,
Judaïque en mon âme, o, Roi des rois, ma noce
Avec toi, Prince absent, en mon lit très désert,
Et ma quête de toi, universelle épouse.

Ma quête par toute la terre ruisselante
En ma sueur d'amour, de mon époux des cieux,
De mon épouse terrestre aux gorges des âges.

Alliance, o, faveur, en mon corps déchiré
Du plus grand orbe de lumière et de ta nuit,
Chaos ! Otage de sang sur le promontoire,
Au refus judaïque du partage.
Clameur, o, clameur aux rassemblements d'otages
Vive folle indéniable clameur d'unité,
Et juive ma faim d'une épouse mi-terrestre
Qui imprime en ma chair ses reflets de ciel.

Alliance o, faveur, de la voix éternelle
Et des peuples de nuit, aveugles et charnels,
Pétris de lumière et de sang aux étincelles
Du verbe martelant le roc dément des nuits,
Alliance, o, promesse immuable de l'être,
L'être, l'être des cieux, l'être, l'être de l'homme
Alliance aux grandes migrations médiatrices,
De l'être tout entier, immuable promesse.

Judaïque o, clameur, o, passion d'unité,
Unité incréée aux chevelures folles
Eclose en myriades terrestres et célestes,

Unité très réelle, antérieure et présente,
Eternelle et sainte, altière et douce donnée,
Unité reçue aux naufrages des vaisseaux
D'argile, salvation des figures de proue
Surgies pour la fusion des peuples pacifiques
Puissants fédérateurs, fondateurs des solstices
Vision, vision de feu, aux attentes des nuits,
Unité perdue et reconquise, fédérateurs puissants
Aux ruts libérateurs, o, fin des temps requise.

Nuques, nuques porteuses d'antiques visages,
Barbes ruisselantes et fronts levés aux cieux
Nuques roides aux attentes d'éternité,
Attentives au bord des fosses funéraires,
A l'éclair de l'archange
Dominant le tumulte de l'Aboyeur des morts,
Nuques roides et plus dures que le diamant,
O, digue opposée au déferlement des siècles,
Nuques insolentes, nuques, nuques d'exil,
Ombres livrées aux rois déments d'ombres nordiques.

O, fronts ployés sur d'antiques Bibles, oreilles
Très attentives aux rumeurs du fond des âges
Annonciatrices aux portes de bronze hautes
De votre espoir, commentateurs du texte antique,
Poussières d'or de vos exils, peuples en marche
Vers tes hauteurs, Jérusalem très judaïque.

Goutte de sang dans l'immortel azur, violence
Qui me disloque aux échos du verbe de vie,
Et cet élan qui transporte au cœur du roc,
Ce poids massif très lourd de mes brûlures,
Cet arrachement de feux solaires en mon âme,
Incarnation du verbe, o, clameur absolue,

Suspendue sur l'abîme, o, soleil tournoyant
Flamboyantes épées, seuils ouverts, paradis,
Judaïque je suis au désir d'unité,
Judaïque au sanglant sacrifice d'amour,
Dansant sur le brasier d'ivres douleurs des mondes,
Aux retours triomphants d'ultimes rédemptions.

AURORES

Le printemps enfin vient d'entrer dans ma vie,
Et ma joie s'est exaltée,
Toutes choses sont accomplies
Dans la gloire des fleurs écloses.

Les bourgeons s'amoncellent
Et les roses leur répondent.
Le printemps enfin vient d'illuminer ma vie,
Et toutes choses vont dans la splendeur
Des milliers de sanglots de la Mer.

L'écume ruisselle de ta chevelure
Soleil, o, mon ami,
Et l'arc des couleurs
Etale ses promesses certaines.

O, joie, allégresse de mon âme,
Comme une lèvre, je baise tes mains liquides
O, mon roi, sur ton trône de lumière.

Devant toi, o, cavalier de mes cieux,
Je m'humilie, je me traîne à tes pieds,

Et cette chevelure que voici
Je la fais s'écrouler
Se mêler aux milliers de diamants
De ta gorge rude.
Comment devant toi ai-je pu n'être pas,
Comment devant ta face ai-je pu être absente ?

Mais ta splendeur sur l'onde première s'est élevée.

De ma stérilité tu m'as tirée,
O, mon fiancé, ô mon frère, ô, mon époux,
Et tu m'es apparu
Comme une ville forte au sein d'un désert,
Comme un rocher dressé sur la rage océane,
Comme un bouclier dans mes combats,
O, source de ma soif,
Jardin de mes fleurs,
Fruit de mon écarlate jouissance

Ma joie reniait son étreinte et veuve allait
Dans la nuit sans forme et morte du rien.
Le temps n'était pas et cette nuit m'obsédait
Dans l'attente de ton baiser charnel,
Cette nuit sans fin où ton souffle planait.

J'attendais, inerte, au sein de l'onde première
Où l'abîme aveugle m'oppressait de son rien.

Captive libérée par ton dur propos de feu,
Dans ma ténèbre ta voix s'est élevée,
Ma nuit est vaincue par l'appel de ton verbe.
J'étais enfin, et me mirai ardente au sang de ta présence.

Et tes eaux sur le désert ont passé,
Les lames ont tu leur grondement,
Les héros, leurs armes se sont brisées,
Rompues par ton sceptre d'airain.
Les lys sont montés,
Les colonnes ont multiplié leurs dattes
Dans le souffle des palmes,
Et l'amour a cassé son silence.
L'amour a cassé son silence,
L'amour a brisé le cercle de sa fruition,
L'amour s'élance et devant toi, homme,
Danse et danse et danse,
Devant ta face, homme, son vol s'arrête
Et vaincu, s'effondre.

Déprise du refus
Mon âme à ton verbe
Ne cesse d'acquiescer,

Folle s'en est allée,
Et privée de ma chair.

« Si loin, folle, où vas-tu ? »
— En lui seul, vers toi-même.

J'épouse la forêt,
Je bois l'océan,
Oui, je couve le feu,
Je déchaîne les vents,
J'embrasse l'abîme
J'apaise la tempête
Je danse sur les pôles :
Au ciel, des portes s'ouvrent,

Mon vol m'emporte d'étoiles en planètes.

Moi dans tes bras, ton chant me berce, ô, toi que j'aime.

Pour écouter le chant des anges
Je chemine dans les allées du firmament.

Mort à moi-même et triomphant
Je succombe à leur appel.

Leurs fortes voix m'arrachent
A l'âpreté de mes désirs.

Me dépouillent de tous mes biens
Et me livrent très pauvre et nu,

Déraciné de mes châteaux,
Aux appels du peuple archange.

J'oublie que je suis homme.
Je marche sur le flot d'ondes.

Aux négations du verbe aimer
Je vacille de folle angoisse.

Etouffement des altitudes
Effacement d'ombres secrètes,

Je vois monter l'ombre du jour
Je suis ravi dans la lumière.

La symphonie soudain se tait
Je gîte hors de moi-même.

Ai-je entendu ton vrai silence ?
J'ai chanté de n'être rien

Qu'un peu d'amour agenouillé
Tout suppliant au bord d'un gouffre.

Visage, o lumière, o, sourire !
Ta présence en moi, comme deux mains jointes,
Captive mon souffle, prisonnier de tes lèvres.

Présence, présence de feu
Je vois monter et déferler l'amour.

Pèlerin de continents morts,
J'ai posé mes lèvres sur les plaies de lépreux,
Et souffert en ma chair, d'épines enfoncées
Dans mon cœur qui se fane et succombe à l'assaut
De ton ordre.

Visage, sourire au regard de lumière !
Très haute présence au cœur de sang, vie profonde !
O, vie simple, présence réelle d'amour
Aux échardes de ma chair
Sourire, visage de lumière transperce
La dure ténèbre des âmes !

Au déferlement de tes vagues
Je t'attends, seul, abandonné
Livré aux mains du rien donné,

Mendiant d'unité,
O, visage, o, sourire !

L'insupportable joie,
O, permets Seigneur que je la garde et la veuille
En ce vide où mon corps défaille en ton baiser.

Ton étreinte qu'elle me brise
Pour que mort, sur tes lèvres,
Je confesse ton amour.

Ton amour qu'il me perce,
Pour que vide,
Mon corps s'offre à ta flamme.

Ton brasier qu'il me brûle
Pour qu'en toi mon retour
S'inscrive en lumière aux mémoires de ma nuit.

L'incendie de ton verbe,
Aux souffles de ta vie,
Dans le rien de ma chair
Plante ses brandons.

Dans la nuit le vent joue.
Consumé par ta flamme,
Un homme s'ouvre à l'amour.

Oui, déjà le roc s'est fendu
Vivant j'ai pénétré dans la grotte
Où ruisselle ta musique.

O, délivrance de l'attente vaine
Mon regard libéré perce la nuit
Et se repose en cette lumière
Qui dit l'allégresse de l'oblation sans fin.

La main puissante m'a lancé
Au firmament de la promesse.
J'approche l'offrande due
En ce rien — ultime victoire —

Où l'amour renonce.

L'homme sentit fondre sa résistance.

Lentement la main lui prit le regard,
La voix, les oreilles, la bouche

La main lui arracha en cette nuit au cœur des nuits

Le visage, la peau
Les pieds et les mains,

Et plongeant dans son sang
Elle sentit palpiter
Les entrailles qu'elle saisit.

La main caressa le sein,
L'ouvrit, franchit le dernier mur
Et prit le cœur de l'homme.

Dépouillé,
L'homme n'eut même plus de baiser pour la main,

La main libératrice.

J'ai renoncé aux artifices
Des séductions, j'ai rejeté
Ma robe aux tourbillons de tes tempêtes.

Je me livre nu à l'allégresse
De ton rut, cavalier vainqueur,
En mes cieux en flammes.

Cendres, charbons de mes jouissances,
Je balaye mon cœur des souvenirs
Aux souffles de ta fureur, visage.

Je marche libéré dans les sentiers
De forêts suspendues aux doigts des cieux
En quête de ton silence, vouloir.

Au belvédère où je respire enfin,
Le vent, le vent, le vent des mers ouvertes
Sur ma gorge offerte aux griffes du large !

O, mirage vaincu, o, liberté,
En ton océan je bois le feu
Et reçois l'offrande du royaume où tu règnes.

J'éprouve sur mes seins votre brûlure
Lèvres d'archanges ; vos essaims d'étoiles
Pendent aux chevelures des nuits.

En tes bras, j'abdique le glaive
De ma volonté pour ton vouloir.
Je vais en chantant l'aube qui vient.

Dans mon cheminement vers toi, j'ai appris au désert
La longue solitude des ténèbres
Où ta lumière lentement s'infiltre en l'âme
Et l'attire au lieu secret où, dans le rocher,
O, pure fente ! la main se tend
Pour offrir la manne des cieux.

O, joie en cet écartèlement de l'être,
Ta sanglante détresse, homme charnel qui meurs,
Eclatement de la vision,
Gloire incrée au cheminement du désert,
Soudain présente au creux de l'âme.

Ta main me broie et me déchire, lumière,
Ta main que je baise, gloire,
Présence meurtrière et vivante en mon âme,
Ployante d'amour en ton silence
O, nuit sans étoiles, brûlante de tes feux !

Ma joie écartelée,
Meurtrière de ce moi qui n'est plus,

En ce désert où j'ai dû décliner mon nom,
Pour le voir rejeter dans les ténèbres,
Chevelure du royaume de la nuit,
Et dans mes mains le don de cette manne,
Libre sourire sur mes lèvres closes.

O, déferlement des puissances de mon âme,
Cavalcade des désirs meurtris,
Convoitise égorgée par une main
En leurs agonies aux râles des crépuscules,

Chevelures de ma virginité nouvelle.

Muet, l'homme découvrit, son nouveau royaume,
Rien, dans le silence de glace des forêts,
Rien, dans les troncs désolés aux doigts de l'angoisse,
Rien dans son cœur au feuillage dépouillé,
Et rien dans son âme déprise du créé.

Marche longue en ce point extrême de l'oubli,
Marche dure en ce zénith
Sur les chevelures de la création
O, livre à mes pieds déployé,
O, roc d'éternité où frappent mes poings sanglants.

Je recherche le secret de ta vie,
La pulsation de ton cœur sous mes doigts,
Vierge cachée dans les plis de l'éternité !
Présence et victoire du verbe !

Déferlement des eaux du firmament
Réponse de neige aux cimes d'éternité,
Fruition, o, printemps de mes fleurs,
Eclat des couleurs dans l'arc des promesses,

Mariage dans une grotte de cristal,
Sanglots des mers aux promesses des vierges,
Parchemin dont le secret
Fait revivre et trembler mes lèvres,
Je bois et m'enivre, éblouissement des arbres
Halètements des fauves aux nuits des forêts
Promesse présente soudain sous la main
Pleine au-delà du silence d'une musique
Que les cieux déchirés laissent déferler, terre,

O pluie de grâces, pluie sur ma lande,
O joie, fleur éclose au val de l'âme,
Baiser de feu au sang d'aurore.

Marche dure aux déserts de l'esprit
En quête du murmure au-delà des silences.
Ta voix m'éveille et m'embrase ton baiser.
Ployé, je lèche la poussière de tes pas,
Fiancée livrée au firmament du vouloir
Sang de tes lèvres et miel de ton ventre,
Forêt cachée dans l'ombre des voûtes charnelles,
O, doigts offerts, cathédrales d'amour,
Pesanteurs vaincues, flèches triomphales.

Un gisant... Ta voix l'appelle et le ressuscite !
Un peuple s'arrache à sa croix
Marche, arche sonore des victoires du verbe,
Vers ta fulguration,
Jérusalem.

Tes mains posent sur mes mains
Le signe du oui.

Le sang coule du poing
Fermé aux étreintes cachées
Des refus de ta chair.

Ta voix ravage le fracas de mes bruits
Au silence apaisé de l'offrande interdite.

Ton regard perce le nuage aveuglé,
Transparence des vasques de ma nuit.

Ton cœur chante le réveil
Et porte
L'homme ravi en ta joie.

Ton rêve exorcise la tristesse
Des exils sanglants, o, ramier du grand retour !
Ton pied chasse du ciel
Le soleil dérisoire

Des vanités mortes.
Ta lumière envahit la nuit d'orgueil
Vierge aux sagesses de gouffre,
Ton ventre porte l'enfant adoré
Ton sein allaite la bouche purifiée
Au lait du baiser,
Et tes doigts renoncés peignent le firmament
De ma demeure aux parois de l'azur,
Ciel d'innocence !

Et les fleurs retombent
Dans les délices du parc.
Je gémis de tant de joie
D'allégresse ocre,
Dans la lumière
Du soleil dansant de liesse
Dans mes azurs, au fond du cœur.

Les fleurs hument le lys,
Au cœur donné tout éclatant
Du don reçu de ta présence.

Un visage au fond de l'âme,
J'ai consenti l'offrande pure
Le don total des fleurs écloses
Oui, des racines, du tronc, des branches
Et tout entier, je m'offre
Au baiser des lèvres saintes.

La main céleste surgit des cieux.
Tout alanguie, elle me caresse,
Sur ma pelouse, o, souffle, o, palmes !

Dans les couleurs de l'oasis
Aux soirs de flammes.

Et je crie de ton étreinte,
O, joie reçue, o, solitude,
Dans la paix sûre de mes abîmes
Au fond du cœur.

Vierge présente au ciel de la pensée,
Vers toi je tends l'arc des promesses,
Ta main sur mon front grave l'espérance,
Vierge présente dans l'abîme du cœur,
Je t'ai livré le secret du nom de Dieu.
Tes mains jointes recueillent les gouttes sanglantes
De notre allégresse au mystère des cieux,
O, vierge, vierge assoiffée des vastes déserts,
Pour toi j'ouvre l'entraille de l'oasis,
Tes mains recueillent la rosée,
Vierge, vierge assoupie des immenses forêts,
Longues palmes brandies dans l'azur de notre âme !

Sardoine, topaze, émeraude,
Rubis, jaspe, saphir,
Agathe, améthyste, lyncure,
Onyx, béryl, chrysolite,
Noms de mes tribus sur ton pectoral, grand-prêtre !
En tes pierres, je pénètre le saint des saints,
Arc-en-ciel de couleurs sur ton ventre, o, Réel !
Et je mets le baiser d'espérance et de paix
Sur tes lèvres, éternité !

Jérusalem, ton sol au nom de Terre sainte,
Tes rocs, o, ma Judée, aux forêts renaissantes,
Ton lac et tes poissons, Galilée du miracle,
Tes incendies, Eilath, aux torches du couchant,
Et tes portes, Néguev, ouvertes sur le ciel,

Je pénètre les secrets au pectoral
Jaspe onyx de ton grand-prêtre, Jérusalem,

Et je baise ta lèvre blanche, éternité.

Mes mains en ce pur désir s'ouvrent
Et renoncent au fruit lourd du printemps.
Dépris, mes doigts se tendent en ce geste
De l'offrande sans fin.
Au cristal de sang, rien qu'un geste d'oblation :

Vers toi je vais de l'oasis de ma vie
Au désert hurlant du rien de ta présence,
M'assouvir de l'amour sans visage.

Les palmes éventent la longue douleur
Et murmurent qu'en ce ciel rien n'est sans toi.
Alléluiah !

Plus rien n'est que ma rencontre de toi,
Moi-même à moi-même mort,
Aux lumières de ta présence en moi,
Plus rien n'est que mon désir de toi seul.
Dans l'union des volontés,
Le glaive du vouloir se forge en éclair
Et trace la marque de l'Autre
Au sang du baiser.

Le cœur inondé dans l'abîme du silence,
Tu viens vers moi, tu m'envahis de ta présence,
En ta chair, mon verbe rive
Ses diamants, ses gerbes, ses feux,
Qu'irrigue ton sang.

Sans regard pour personne autre que toi,
Sans voix, sinon pour toi,
Sans science sinon de ton verbe,
Sans joie, sinon de ta liesse,
Sans paix, sinon d'être en toi —
Sans bien sinon de toi —

Sans gloire, sans vertu,
Sinon de l'offrande que de moi je te fais —

Aveugle pour tout autre que pour toi,
Ta lumière m'illumine de feux.

Sourd à toute autre voix que tienne,
Ton verbe me déchire de son ordre
Et je renais en ta musique.

Ma voix crie vers tes châteaux,
Elle peuple tes déserts —
Je vois et m'assouvis de vision,
J'entends et m'enchante de musique —
Sans regards, sans oreilles —

Et je vis en ma mort.
Ta présence me sauve et m'unit en ta gloire
A l'exquise douceur de toi.

Le fil de l'amour entre nous tendu
— De moi en toi — de toi vers moi —
Trace de l'abîme à l'abîme —
Le lien de notre vouloir.

... Du désert des hommes montent.
Ils répondent à l'appel de ton verbe.

Le voile tombe, j'avance vers la brûlure
De ton éclat et de ta nuit, Soleil !

Mon pas se brûle en tes diamants
Ma nuit danse au feu de ta joie.

Le feu brùle, la nuit m'inonde
Au-delà du verbe, du chant.

Mon voile flambe, nu je vais
En cette ivresse de ton vin.

Aux morsures des rayons
Tu m'emportes

O Toi que j'aime, griffe, flamme,
Suavité de lait.

Et je succombe en cette étreinte
Esclave royal en tes bras meurtri.

J'épouse ton corps, chaste étreinte
Dont le baiser tue et libère,

En tes aurores
Roi de lumière,
Soleil !

Agenouillé au seuil des envols,
Je vois fleurir en mon amour
Le dôme d'arbres intimes.
Je contemple — peuple de sang —
Leurs fruits en ma nuit.

Je recueille de mains priantes
L'encens azur des oasis,
Au seuil du gouffre
Des symphonies.

Meurtri de déchirures pécheresses,
Solitaire en mes jardins,
Aux équinoxes, je vois valser
Bien des lucioles.

Mais en ta main
La foi du vœu s'inonde, en ta lumière
La symphonie renaît au silence
Du ciel.

En mon amour je vois fleurir
Le dôme du vœu.

Le pur amour brûle mon âme
En ce brasier où ton regard
Triomphe en joie aux feux des nuits.

J'ai rencontré le chaste époux,
Dont l'étreinte
Me garde vierge
En ce baiser tout infini
Du pur amour.

J'avance en des déserts
Aux sables verts, cueillant, stérile,
Le grand poids fauve, o, Salomon,
De tes joyaux.

En ton cantique,
Moi toute nue,
Jaillie des mers blondes indiennes,
Je prends l'étoile en ton beau ciel
Pour l'épingler contre mon sein.

Le lys des sables
A bu mon sang,
Je roule
Au fond des mers,

Fiancée d'étoile,

Pour contempler au fond du cœur
En cet abîme
L'étreinte
Du roi des cieux — dans mes étoiles —

L'encre des nuits rejaillit.
Tout enivrée de ma lumière
Contre mon sein,

Muette enfin, je peux prier
En ce sommet de ma colline
Engloutie au fond de l'âme
Pour distinguer en mes entrailles
Le glaive de ton amour.

Je hante d'obscures grottes
Et livre mon cœur
Au feu de l'ange
Pour te donner
O, toi mon roi,
Le sang des coupes
De mon corps nu.

Regards très verts
De mes aurores,

Ressuscitée
Par ton baiser
Je pourchasse
Des boucles noires
Et fais tomber
— Gouttes de sang, rosée de perles —
Les souvenirs
De mon passé.

Nue sur la plage,
J'épouse ta chaste étreinte.
Sous le grand ciel, au creux des vagues
Où je chavire, toi dans mes bras.

Ecume blonde au golfe indien,
Ma voix s'élève aux vraies frontières
Où se tapissent les démons
Aux guerres vaines, très acharnés.

En ton amour, o, bouclier,
Ton diamant
Me délivre des ombres.

Dans ma soif, je te bois,
Et ne voudrais qu'être pour toi
— O, mon calice, o, salvation
D'éternité — pour toi livrée
Aux étreintes fauves des nuits,
Les nuits ouvertes, aux cieux chastes
De ton mystère.

Ma voix s'élève aux vraies frontières
De tes dangers, Jérusalem,
Au centre de ton vrai temple
Pour annoncer l'éveil de l'âme
En tes violences
O, mon amour !

Dans son cœur apaisé, l'homme bannit la haine :

Sans haine, l'amour vole aux cimes des forêts —
Sans ombre, la lumière émane du sillon,
Sans meurtre, la vie crie aux splendeurs des bourgeons,
Plus de bruit, triomphe des silences de l'ange,
La douceur, sans violence, étale ses velours,
L'enfant joue plus de guerre au soleil des cités,
Plus de mort oui, la vierge a donné son baiser —
Plus de nuit — oui, la terre surgit des ténèbres —

En ta lumière, o, mon soleil, alléluiah !

Je ne suis que ce chant que tu mets en mes lèvres
Je suis à toi : à toi mes bras, à toi mes jambes,
A toi mes mains, à toi mon ventre, à toi mes reins
A toi mes seins, à toi mes dents, à toi mes lèvres,
A toi ma langue, à toi ma bouche, à toi mon chant,
A toi mes yeux et mes regards et ma parole,
A toi mon cœur et mon vouloir et mon savoir,
Tienne ma colère, ma douceur est à toi,
A toi, mes élans, mes refus,
Tout est à toi, et rien en moi qui ne soit tien,
En mon ivresse j'ignore
Ce qui en moi est encor mien.

Je ne suis que la joie que tu mets en mon cœur :
Je t'ai donné mon âme, ma foi, ma parole,
Mon espoir, mon nom, ma volonté. Amour,
Ayant tout reçu de toi je t'ai tout remis,
Et suis sorti de moi
Pour me livrer en cette oblation,
Holocauste de mes puissances, o, don pur,
Dans le geste sans fin qui remet en tes mains

Tout pour toujours.

Dépouillé, je peux en cette remise immense,
Découvrir ton royaume,
Dont ma mort me fait roi.
Succombant à l'appel de ton verbe
Je réponds aux symphonies
D'une gloire abolie, o, ciel, o, terre,
Et je brûle en ta joie aux pelouses d'étoiles.

Je ne suis que ce chant que tu mets en mon âme.

Je n'en peux plus d'amour, Seigneur !

Par les oiseaux des grands feuillages
Du ciel,
Par la cascade aux chevelures
Des forêts,
Par les sanglots et les silences
De tes déserts,
Par les appels des minarets
Colonnes
D'éternité,
Eglises,
Déchirures
De cloches ivres !

Je n'en peux plus d'amour, Seigneur !

Je n'en peux plus d'amour, Seigneur !
Par les damnés
Et les bannis,

Peuples maudits
Ghettos sanglants
Crucifiés,
Aux cavernes des siècles,

Par le sourire
De tes martyrs
Epaves vertes
Au fleuve des temps,
Par les prières de cet enfant
Qui voit, supplie et que l'on tue,
Par la main qui se tend,
Le baiser refusé,
Par la femme adorée
Qu'on trahit ou qu'on viole,
Par l'ami oublié
Lâché aux rochers d'agonie,
Par ton ciel, par ta terre,
Par ta musique et tes silences et par ton verbe

Je n'en peux plus d'amour, Seigneur !

Je n'en peux plus d'amour, Seigneur !
Par le soc qui laboure un désert renaissant,
Par le sol que l'on sème et qui tient sa semence,
Par la veine qui draîne le sang des récoltes,
Par l'herbe qui parle à l'oiseau qui répond,
Et par l'homme qui se tait,
Par la pierre qui dénonce son poids et son coup,
Par le navire qui lève l'ancre
Et son sillon sur l'océan,
Par les continents qu'il doit unir

Et par ma solitude
Dans le gouffre des nuits,

Je n'en peux plus d'amour, Seigneur !

Je n'en peux plus d'amour, Seigneur !
Par le chant haletant sur la cime du chêne,
Par le sang de l'enfant, le supplice des scalpels.
Par l'aveugle agression et la mort du grand cerf,
Par l'hallali des nations et la fin des temps,
Par la guerre qui vient, qu'ils préparent, qu'ils veulent,
Ou qu'ils acceptent, aveugles,
Par ma souffrance et par ma lâcheté,
Par le verbe captif et l'amour enchaîné,

Je n'en peux plus d'amour, Seigneur !

Je n'en peux plus d'amour, Seigneur !
Par la prière de l'ouvrier,
Qui te maudit au fond des mines,
Par le fouet du policier
Et la torture de mon corps,
Par le poing qui s'abat sur mon visage en sang
Par l'œil que l'on crève et la femme qui se vend,
Et par les crimes de l'argent,
Par le vide des esprits, l'horreur des salons,
Par ce que je vois et ce que je sais,
Par le visage sans expression
Des polutions maudites,
Par le prêtre qui trahit,
Et le soldat qui s'enfuit,
Par les larmes et par le sang,

Je n'en peux plus d'amour, Seigneur !

Je n'en peux plus d'amour, Seigneur !
Par la rose fraîche et mi-close
Dont on refuse le parfum,
Par le lys dont on tue la fleur,
Par le fruit qu'aucune bouche
Ne change en jouissance,
Par la vierge alanguie et la sœur que l'on fuit,
Par l'aurore au désert qu'aucun œil ne contemple,
Par les ruts ignorés de la mer et du ciel,
Et les mornes crépuscules,
L'horreur des jungles citadines,
Par la vision qu'aucun œil ne contemple,
La musique qu'aucune oreille n'écoute,
Par tes silences et par tes solitudes,

Je n'en peux plus d'amour, Seigneur !

Je n'en peux plus d'amour, Seigneur !
Par la sœur qui s'exile dans la jungle,
Pour accueillir l'enfant noir et ses peurs,
Par la main qui s'offre aux vergers d'Avalle
Et qui sait tuer aux buissons de Judée,
Par le regard qui supplie,
Par la jambe fléchie,
Par le ventre affamé et l'étoile qui scintille
Par les saints, les poètes
Et la lampe qui veille sur le crime du hibou,
Par le fou qui recule et la victime qui pend
Sur la croix qui tournoie,

Par ta joie,

Je n'en peux plus d'amour, Seigneur !

Je n'en peux plus d'amour, Seigneur !
Par la voie pure et sans ombre qui meurt aux étoiles.
Et par les ronceraies du chemin qui s'égare,
Par la Mer souveraine aux encens de l'écume,
Par la femme qui avorte et l'homme qui tue,
Par le moine qui prie aux arches des cloîtres,
Par les blanches solitudes aux sanglots des eaux,
Par le sang qui coule sur l'épaule des saintes
Et la main qui châtie les lourdeurs de la chair,
Par les larmes de l'enfant qui gémit dans la nuit,
Par le blé qui meurt,
Par le grain englouti et le froment vivant,
Et ma faim, dans les cieux, qui mendie,

Je n'en peux plus d'amour, Seigneur !

Je n'en peux plus d'amour, Seigneur !
Par le cri de Satan et l'ombre de sa nuit,
Par la terre qui meurt et mon corps mutilé,
Par la fleur éclose et le sein déchiré,
Par l'orgueil des puissants et le chant du pauvre,
Par le néant des mondes et par le verbe aimer,
Par l'épée du bourreau et par le cou qu'il tranche,
Par les forces ennemies qui déchirent les cieux,
Par la vie et la mort, le bien et le mal,
La lumière et les ténèbres, le faux et le vrai,
La servitude et la liberté, la guerre et la paix,

La joie, l'angoisse, le réel, l'illusoire,
Par l'être et le néant, par le ciel et l'enfer,
Par mes déchirures, par ma sainte mort en toi,
Cœur triomphant de l'unique,

Je n'en peux plus, je n'en peux plus d'amour, Seigneur!

Alléluiah !

Mon regard en ta face
Contemple l'acte pur
De l'amour,
Mes yeux en tes yeux,
Au-delà de la nuit,
La lumière qui chante
L'aurore de l'esprit.

Au dégel de l'amour,
Aux cris de ta liesse,
Blessé, mon cœur éclate
Et déferle la joie,
En flocons bien épais,
Au jardin de ta grâce.

Une vierge s'avance
Jusqu'au bord de l'abîme
Elle marche et s'en va,
Au-delà de la nuit,

S'incliner devant toi
Et danser dans le ciel.

Des archanges l'entourent
En sa danse exaltée,
Sa voix s'élève,
Elle chante ta gloire,
Le sanglot de son chant
Meurt, étreinte ivre,

Au baiser de tes lèvres

Alléluiah !

Alléluiah !

Mon cœur t'a reconnu

Dans la fleur éclose,
Dans l'herbe amoureuse,
Dans l'oiseau vermeil,
Dans la pluie qui tombe,
Dans le vent qui hurle,
Dans la grêle en rage,
Dans le cri qui meurt
Et le pas qui vient,
Dans l'âme enchantée
De la vierge aimante.

Mon regard t'a vu
Dans la main qui donne,
Dans l'amour qui veut
Le cœur renoncé,
Dans le corps qui vibre
Au baiser secret,

Dans le oui donné
De l'éternité,
Dans le cri qui revient
Au sang de tes lèvres,

O, griffe de l'aigle
Morsure du soc !
Pures déchirures !
Mon *oui* à ton verbe...

Alléluiah !

Alléluiah !

Mon âme meurt au rien de ta présence.
Absent que je vois et j'étreins, pure brûlure !
Rien présent au-delà des riens !

Tes mains me portent aux sources d'amour,
Dans le mystère des cœurs qui s'étreignent
Et je ruisselle,
Eaux jaillissantes du verbe !

Il laboure mon corps,
Il déchire mes mains
Il meurtrit mes chairs :
Mon âme brûle au rien de sa présence

Mon lac de sang se mire au soleil d'amour.

Alléluiah !

Alléluiah !

Pour le peuple endormi qui écoute ta voix.
Il surgit de sa nuit, pour assumer ton ordre
Et recoudre les lèvres sanglantes du ciel.

Le fil est repris de tes doigts blessés
Roi d'Israël, l'aiguille retrouvée
Au fond des mers antiques.
Au soleil du retour, les doigts du peuple aimé
Se délient pour rapprocher les continents,
Arrêter la guerre, réunir les cœurs,
Abattre les digues que te retiennent
Déferlement d'amour !
La frontière du pays de lumière
Est franchie, les démons sont mis en déroute,
Les ombres refoulées, les réprouvés vaincus,

La brûlure du baiser,
Triomphe de ma grimace,

Les doigts sont déliés au soleil du retour,
Le désert refleurit, ressuscite la terre,
L'homme humilié renaît sur tes collines
En tes forêts et ta joie, alléluiah !

Alléluiah, pour ton vouloir, ô, mon Seigneur,
Qui avance et pour ton aurore qui triomphe
Aux certitudes du verbe, alléluiah !

Alléluiah !

Pour le cri de l'oiseau,
Les larmes de l'enfant,
Pour l'élan de mon cœur,
Aux éclats de ta liesse
Et le déferlement
Du fleuve de l'amour

Au désert de mes soifs.

Pour le jour, pour la nuit,
Pour l'amour, pour son fruit,
Pour mes faims, pour ton pain,
Pour mes soifs, pour ton vin,

Alléluiah !

Pour la vive clameur
Sanglante de ma mort,
Proche aux roues de ton verbe,

Et mon élan vers toi,
Au-delà de la mort,
Dans l'éternité de vie !

Alléluiah !

La barrière s'effondre
Le vent la ravage,
La tempête l'emporte,
Les eaux la submergent.

Alléluiah !

La frontière disparaît
L'abîme est comblé
Et l'homme rempli
Par le flot de ta grâce !

Alléluiah !

La femme s'éveille
Au seuil du verger
S'avance,
Et de son pied
Ecrase
Le serpent
Qui menaçait,

Elle se met à danser
Au-delà de l'abîme

Alléluiah !

Le sein virginal,
D'amour immaculé,
Ruisselle de lait ;
Vers lui des doigts se tendent
Les doigts d'un nouveau-né,
Pour le prendre à ses lèvres
Au baiser nourricier
De tes grâces

Alléluiah !

L'enfant est né, le cri
Oublié des douleurs
Est passé, effacé,
O, naissance de vie,
L'enfant naît du baiser,
Rire virginal
Sourire d'amour,
S'abandonne aux bras purs
De la femme lunaire
Aux deux mains qui le prennent,
Et l'offrent apaisé
Au soleil ruisselant,
Suave de ta liesse.

Alléluiah !

Le nuage crève
La haine meurt
Effrayée

Par le sourire
Désarmé, virginal
D'un enfant allaité.

Alléluiah !

La guerre est vaincue,
La colère éteinte.
Le verbe libéré
Chante le royaume
L'enfant s'avance
Au-delà des frontières

Dans le vide s'élance
Au grand bal des étoiles.

Alléluiah !

Au grand bal des planètes
Il suspend sa joie
Guirlandes, lanternes,
Sur le vide danse
Au ballet
Des cieux de la pensée

Alléluiah !

Il danse dans l'azur
Enivré
Par le vin du mystère
Au rythme de ton verbe
Gloire du baiser

Qui le lance affolé
Au-delà de lui-même
Vers le but toujours vierge
De l'amour renoncé.
Par le vin énivré
Il chante le mystère

Alléluiah !

Affolé, cœur battant,
Dans la valse des mondes
Il entre souriant
Au regard de la gloire
Qui le chasse en sa danse
Au-delà de son chant,
Au-delà de sa voix,
Du regard, du voyant,

Du silence, du rythme,
Au-delà de lui-même
Dans la nuit tout éclose

Un baiser le chasse
Aux pieds de ton trône
Où ses bras étreignent
Un corps renoncé.

Il chante le mystère
Et l'ivresse de ton vin.

Alléluiah !

Alléluiah !

Tout au bout de la nuit
Sa voix chante, titube
Aux ivresses d'amour,
Aux étreintes puissantes
Où le cœur se renonce
Au baiser
Où l'âme se brûle
Au feu des riens de joie,

Alléluiah !

Et l'offrande sans fin
Ecartèle, distant
Les jointures du corps
Et coule dans leurs gonds
Le lait de ta vie.

Alléluiah !

O, pureté, o, vierge,
Beau ciel renoncé,
Regards éblouis, cîmes
Toutes blanches du oui

Vierge, vierge accourue
Au-delà de ma vie
Ton aurore étranglée
Sanglote en mon rêve
Et tes larmes de sang,
Aurores qui éclatent,
Se marient a mes larmes
Au bout de ma nuit

Alléluiah !

Banquet d'amis, vierge nouvelle,
J'entends parler le roi d'amour.
Silence unique en tes collines
Tout Israël ! Alléluiah !
Tout Israël, ivre de joie,
Titube en toi, aux cors, aux voix
Du roi des rois
Alléluiah !
Amen !
Sélah !

Vêtu d'une blanche robe, soleil, mon frère
Je te regarde et te bénis, chaleur des mondes !

O, rythme des danses du ciel ! O, bouclier !
Je dis gloire à ton nom, chaleur, ciment des mondes !

Globe de feu et couronne de pureté,
Halo de non-être aux jeux de mes gouffres.

Sceptre très pur, je chemine vers ta lumière
Et bois l'écume de ton feu, Soleil, mon frère !

J'épouse ton Occident et ton Orient,
Incendie pur, Jérusalem, en ta brûlure

Je mûris sous tes vrais coups, sous tes rayons,
Tout entier bu par ton dard de lumière, o, prince !

Tu me hisses au crâne chauve des montagnes,
Là, je donne mon sang à l'épervier jaloux.

Vermeil de cette cure, astre épousé, Soleil,
Je bondis sur ton crâne pour boire à ta joie.

Rut céleste ! O brûlement de mes chairs en Toi !
Grésillement d'étoile au feu de nuits, Soleil !

Alléluiah, amen sélah, alléluiah,

Sang livré aux chaudes veines de l'amour,
Suavité d'une main sur le front lourd !

Je n'ai cessé de te chercher, corps échangé
De mes douleurs, pour m'apaiser en ta lumière.

O sang donné, écartèlement de l'être,
O Bienvenu, je n'ai cessé de t'annoncer !

Pénètre en moi, musique éclose aux grottes folles
De l'âme ouverte, belvédère sur l'Océan !

Anges d'amour aux symphonies des chemins roux
Supplications de chœurs mendiants, en mes forêts.

Volées de cloche aux liturgies des grands pardons
O, mariage, implorations de voix très pures !

Bien dominé par une main surgie des cieux,
Le moutonnement sur l'océan des flocons blancs,

Purifie ma lourde nuit au rut secret
Voluptueux, d'une forêt et d'un nuage.

Tout était blanc et lumineux au grand matin
Du mariage des volontés fondues
Dans l'unité d'amour.

Amen sélah, alléluiah, amen sélah,

Oui, pour deux sous j'ai racheté l'oiseau des îles.
Blessé, il saignait entre leurs mains.

Blessures d'innocence, cruelles tortures,
Douleur, mirage, ô folie.

Ai-je bien guéri mon pauvre oiseau tout renoncé ?
Il s'envole vers le bois de l'espérance.

Tout nu, faible et sanglant encore, il s'enfuit.
Son départ me laisse seul. J'attends son retour.

Solitaire, ton sang, ta voix me hantent
O, mon oiseau.

Je vais en caravane au fond des sables.
J'entends, dans leurs tombeaux, la voix de mes rois :

« Jamais il ne mourra. Pour toi silence est baume.
Vers toi le chant viendra. O, bois nos solitudes ».

Ce fut un temps d'attente, de sécheresse
Au souvenir du chant des îles, songe amer !

Et puis soudain l'oiseau revient, métamorphose
Sa voix hante ma voix, pour lui je vis et chante.

Alléluiah, amen sélah, alléluiah.

L'enfant m'a pris et me berce en ses bras.
Je chante ton corps abandonné,

Purifié au baiser de tes diamants,
Pour mieux brûler d'étincelles, Mer vivante,

De mon amour en tes étreintes, chaste vierge.
J'ai pris l'azur de tes cheveux en mon Orient.

Bien délivré de mes levains au ciel azyme
Du pur amour, élan de l'âme en tes bras neufs,

Détachement vers ta lumière, unité
De mes passions, de mes désirs, en ton *Oui*, Rose !

Et je chante ton allégresse, ò, toi mon lys,
Corps délivré de ma tendresse, ô, blanche fleur.

Ton luth a chanté sur mon cœur, et j'ai vibré
Tout immobile au grand silence des archanges

Ange voué aux liturgies des délivrances,
J'ai embrassé la main mercure et j'ai chanté

Ton étreinte qui menait aux grands chemins
De l'inconnu de ton amour, mon inconnu !

Amen sélah, alléluiah, amen sélah.

Les mots se figent, les lettres prennent vie
Secrètes flammes au seuil de la nuit.

Je découvre le rictus d'une grimace
Où la douleur et la joie confondent leur masque.

La douleur et la joie confuses se mêlent
Et plantent en ma chair leurs clous ensanglantés

Les lettres prennent vie, secrète flamme, nuit
Des extases figées au silence des mots.

Pourquoi ne pas mourir, en leur baiser, Seigneur,
Que ton amour permet au corps abandonné ?

Couleurs mordorées des soleils du couchant
Je vous aime et pour vous mon cœur saigne d'amour.

Abandonné, livré, percé, ô folle étreinte !
O, corps aimé, renoncement de mes exils !

L'éclat de la beauté très nu me délaisse,
Dépouillé de l'amour au secret de ta chair.

Dans ce dépouillement, je sors de mes gonds.
Au seuil de tes abîmes, je danse stellaire.

Amen sélah, alléluiah, amen sélah !

O, mon amour aux nuits données contemplatives,
Lotus ! Rose éclose aux moires de mon ciel !

O, ma ferveur aux élans du don de soi !
Mon ouverture au souffle chaste, étreinte pure !

Vie du corps, blessé, nu, suavité
De tes diamants, l'accouplement de mes distiques

En tes musiques
Chantre des cieux :

La profonde blessure est blessure d'amour,
Et la meurtrissure, meurtrissure d'amour.

Renoncement de ma colère en tes élans,
Vie d'amour, chœurs, déferlement du ciel !

Mer silencieuse au silence contemplatif,
En moi, l'âpre langueur est bien langueur d'amour

O création ! la négation de tes frontières
Créature ! dépassement de tes limites

Dans l'extase les mots se figent :
Adoration de ton mystère, o, Créateur !

Alléluiah, amen sélah, alléluiah.

Ames livrées aux incendies des forêts,
Enfants muets aux carrefours des passions,

Corps écartelés, enchantements des gorges,
Jambes mêlées, o, lits Congos, ciels, fleuves, ciel !

Le grand tournoi des corps aux rayons de tes feux,
Sur la roue solaire au crépuscule des mondes !

Aux cadences de mes strophes, aveugles, ivres,
Ils vont, o, Mort, o, mère de l'homme vivant,

Lumière de fournaise au cœur de la nuit,
Symphonie noire et blanche aux damiers éternels.

Ecartèlement des voix unies sur l'abîme,
Je vois monter ta cavalcade, Apocalypse.

Des continents sombrent, s'évanouissent
Des océans, je ris parmi mes anges.

Ange voué aux liturgies de fin des temps,
Je vois surgir un peuple neuf du fond des tombes

Et je chante de gratitude o, forêts
O mariage des symphonies, ciels, fleuves, ciel !

Alléluiah, amen sélah, alléluiah.

Noces cruelles en leurs concerts, l'escalier
De cristal apparaît, il descend de l'azur.

Suspendu dans l'azur
Sonore, il révèle la splendeur de ton règne

Et je gémis tout écrasé, de mes joies folles,
Ecloses au mutisme des nuits,

Ta musique, Roi de cristal, époux cruel,
En mes déserts et dans mes ruines, o, Vengeur !

J'ai cheminé dans ton chemin
Jusqu'en ton ciel et j'ai marché sur ton cristal,

Roi de mes cieux, aux grands silences cruels.
La mer a bloqué ses diamants et ses gorges.

En tremblant, je vois jaillir des fleurs
Dans l'ovale des mondes, o, danses du ciel.

Le silence se tait, le rythme retentit,
Je gravis l'escalier du cristal de ton cœur,

Et bois dans l'azur au rien de mon vouloir
En ton éternité, ton vouloir de cristal.

Amen sélah, alléluiah, amen sélah.

Dans ma vision meurtrie, une biche sauvage
Aux grands yeux adoucis : bondissant elle s'enfuit.

Elle trouve son refuge aux horizons de flammes
De notre forêt natale ; je reste seul,

Ayant perdu la clé des chemins aériens
Où je la vois monter, libérée par ton sang.

Je recherche la biche en tes jardins
En tes sentiers, dans l'abîme de tes gouffres.

Moi, tout meurtri, au fond du puits de solitude,
Je ne cesse de t'espérer.

Un jour parmi les jours, pourchassant l'absente
Je découvre dans une grotte, une clé.

Mourir aux mirages du ciel ? J'ouvre la porte.
Je suis porté, par tout un peuple en ton royaume.

La biche vient vers moi, se revêt en princesse,
Rompt le pain, boit le vin.

Je l'épouse, joie céleste,
Noces neuves de mon Orient ressuscité.

Amen sélah, alléluiah, amen sélah.

Sur une roue solaire, au manège cosmique,
Les lanternes s'éteignent et les chants meurent.

La fête évanouie meurtrit les démons,
Le silence étouffe la gorge des cieux.

Pur vertige, le vide porte l'univers
Anarète au tombeau du néant initial.

Au cœur de l'incendie, une roue,
Mortelle menace en vos tourbillons, cités.

La croix de ses rayons brûle en X de feu.
Le brasier enflamme la nuit.

Sanglant et renoncé, aux hautes mers des cieux,
Porteur de lumière à la chair calcinée,

Ecrin de gloire aux silences de vie,
Un homme tourne, dans la torture des astres.

L'X brûle, bras en croix, l'homme saigne
Sur la roue solaire du manège cosmique.

Je m'assouvis de ton écume, de tes feux
Soleil, aux lueurs torturées de ma passion.

Alléluiah, amen sélah, alléluiah.

Le silence ouvre sa bouche
Pour que j'annonce sa beauté, sa splendeur,
Sa douceur, son secret, sa gloire vraie.
Le silence donne les mots au cœur
Pour que je crie l'immensité de son royaume.
Perdu dans l'infini de sa demeure,
Je m'accroupis pour pénétrer le gouffre
De son appel, et me donner au vertige
De sa puissance de corps, d'âme, de vouloir.

Je t'ai cherchée, Eternité, en toutes choses
J'ai voulu voir ta volonté et n'ai trouvé
Que mon vouloir.. Jusqu'en ce jour, où dans l'abîme
J'ai roulé ivre en ton amour.
Dépris du monde, o, folle ivresse, o, gouffre noir,
J'ai lâché prise aux mains de ta nuit.

Mon regard dessillé contemple
L'éternité du jour unique, o, ciel, o, terre,
Dans la pénombre
Des nuits d'amour.

J'ai cheminé serf en tes rives, fleuve antique
Immobile splendeur d'azur et de blancheur
Prison close aux incandescences du désert
Balancements de joncs, prisons de pyramides
Château de nuits, chasse d'enfer des pharaons,
O, roi des ombres, dures, sourdes, pierres mortes,
Noirs glaives acérés dans l'azur de ma joie.
Et ma vive clameur s'élève contre vous,
Menstrues monstrueuses du peuple des ténèbres !

Etranger dont la voie si longtemps a longé
Vos rivages confrontés aux déchaînements
Sur ma haute voilure en mes exaltations
Des démons grimaçants, o, visages, chiens, singes,
Des tortures de l'homme offert, captif, ployé
En cet ultime cercle de la ville obscure,
Sur ma haute voilure qu'écrase le poids
De vos mépris et de vos haines.

Mon regard cerne la main qui tue,
Mes yeux découvrent le complot de vos princes,

Captifs, spoliés, damnés, esclaves de Mammon
Proies sanglantes pendues aux crochets de la nuit,
O flancs, flancs déchirés de la femme chassée
O râle innombrable, hantise des âges !
Cœur, sang, cri rauque sans fin aux chutes des âges,
Les hautes voilures de mes vaisseaux perdus
En vos assauts fous, innombrables, âmes mortes !

Ivres certitudes, rosées de l'aurore !
Une main
M'arrache, soleil déchu,
Aux cieux éteints et me lance dans les multitudes.

En mon envol solitaire,
Je chemine en cet ailleurs
Sans lieu, sans forme, sans regard,
Sans ressemblance, sans visage
Comme sans poids de l'immuable.

J'accède à l'au-delà
De l'harmonie, de la voix,
De la beauté, de l'être.
Dure beauté aux yeux aveugles !
Etre hermétique aux doigts de flammes
Brûlures, tortures des mondes !
Et dans ce rien je vois surgir
L'avers du réel, o, splendeur
Muette, âpre, ivre solitude !
Plus haute que justice,

Plus forte qu'unité
Plus vive que l'amour
Où Dieu se dépouille de son nom
Dans la majesté du Royaume !

Et dans la nuit au cœur de femme,
Très nu, dépouillé de moi-même,
Je reçois ta visitation.

Sur la cîme des dunes une voix parle
Ballet d'esprits accroupis aux rondes
De mes tournois, de mes appels. Une voix crie :

Ton bras s'arrête, laboureur,
Ton pic se pose, toi, mineur,
Ton chant meurt, muezzin,
Se bloquent vos flots, rivières,
Océans, vos vagues se figent.

Voix, o, cri, o, sang des calvaires !
Voix du silence aux cavernes des âges !

Tes ailes, o, mon aigle,
Ta lumière en ma nuit, soleil !
Une voix aux chevelures de l'univers,
Parure d'aube,
Une voix d'outre-tombe aux rondes des fantômes.

Fantassins de l'esprit, professeurs d'illusions,
Vierge promise, filles des trottoirs et vous,

Saints accroupis dans les cavernes du désert
Bourreaux, victimes, généraux et maquisards,
Soldats et martyrs aux crépuscules du monde,

Sur les nations une voix danse,
Une voix, races qui mourrez, feux des frontières,
Et vous, civilisations croulantes,
Une voix aux vifs hurlements d'éclairs,
Dénonce éperdue les alarmes du soir,
Bondit et danse sur la cime des dunes,

Pour ton baptême et pour ton sacre
Peuple, peuple de lumière.

CANTATE
POUR UN PEUPLE DE LUMIERE

I

Dans le silence
Au fond des nuits,
D'éternité,
Très au-delà
Des froids polaires,
Très au-dessus
Des feux solaires,
A retenti
Le grand appel
Du verbe aimer.

Le premier mot
Issu du verbe
Fut pour crier
Les noces neuves
De la lumière
Et de la nuit
O, grand ballet
Dans les étoiles

Illuminées
D'éternité.

L'aurore
A célébré
Au grand matin
Du jour unique
Le mariage
Des terres vierges
Et de l'esprit
Qui sur les eaux
Avait plané
Aux aubes
D'éternité.

Coït secret
Du verbe antique
Et de l'esprit
Qui naviguait
Sur l'arche neuve
D'un jour unique
Le crépuscule,
L'aurore furent
Comme deux lèvres
Qui enserraient
La création
En ses matins
D'éternité.

Le verbe antique
Avait gémi
Dans l'au-delà

Des nuits fermées
Et les ténèbres,
Aux ruts secrets
Des éléments
Qui murmuraient
De voix hantées
S'étaient ouvertes
Au verbe aimer
Enfantement
De continents,
O, pure étreinte
D'éternité.

II

O, voix de mon roi
Dit la création,
O, voix de mon roi
Dans les ergs déserts,
O, voix de mon roi,
Forêts dénudées,
Voix ivre du roi
En quête d'oreilles,
Du roi solitaire
Aux gonds du créé
Pur carillon
D'astres convoqués
Pour le grand cantique
De la fin des temps
O, voix de vraie gloire.

Voïx ivre d'échos,
Hautes solitudes
Des monts écarlates
Où les cavaliers
Jaillis des nuits pourpres
Assaillent le roc
De leurs juments fauves
Pour l'ultime assaut
Des forces de nuit,
Continents en armes,
Au midi des forges,
Brûlement de villes,
Peuple évanoui,
Peuple nouveau-né
Pour le grand appel
De cette voix pleine
O, voix de mon roi,
Dit la création,
O, voix de vraie gloire.

O, voix de vraie gloire
Pour tes épousailles
Peuple nouveau-né
En tes terres vierges
Bien ressuscité
Pour le baiser neuf,
Sur tes promontoires
De filles des mers
Surgies de cieux forts
Gorges déployées
Aux rires des chants
Et d'hommes sans masques

Libres de leurs ombres
O, libération
Des mortes limites
Dans le baiser fou
Et le cri de joie
D'éternelle étreinte
Pour tes épousailles.
O, voix de vraie gloire.

III

Cinquante portes, dit le roi
Gardent ma joie dans mon palais.

Cinquante portes glatit l'aigle
Cachent la voie de mes hauts vols.

Cinquante portes nie la rose
Cernent l'élan de mes parfums.

Cinquante portes dit la mer
Bloquent l'accès de mes grands fonds.

Cinquante portes crie la vie
Murent le parc de mon mystère.

Mais en ma loi, m'a dit le roi,
Mais en mes ailes, glatit l'aigle,
Mais en mon cœur chante la rose,
Mais en mon vent rugit la mer,

Mais en mon sang, me crie la vie
Tu dois trouver la clé des portes.

L'homme emmuré saisit le chant
Ouvrit la veine et but le sang
Largua la voile ouverte au vent
Cueillit entier le cœur mi-clos
Et sur les ailes pourpres d'amour

Franchit le seuil du roi des rois,
Etreint la joie, ouvre la voie,
Brandit la rose au fond du parc
D'ivre mystère en ses clés vertes.

Portes, portes ouvertes pures
Triomphales au seuil des âges
Nouveaux de l'homme aux clés brandies,
Arcs de lumières pour les chants
Du captif libéré des ombres,
Arraché aux fracas des guerres
Portes triomphales vierges
Au seuil inexploré des eaux
Pour les masses continentales
Venues en siècles et cités,
Contempler l'essor des visions
De gloire aux victoires du verbe,
Le psaume en l'honneur de la Mer
Et du verbe épousant la terre,
Homme surgi des meules d'or
Broyant le grain des cieux nouveaux.

Homme de lumière allumant
L'incendie de l'ère attendue
Au cortège sans fin des siècles
Abattus dans la fange odieuse
De guerre et de haine, o, Mémoire,
Défilé de cadavres nus
Ressuscités et très présents
Sous vos linteaux, o, portes neuves !
Siècles surgis de tombes closes
Ressuscités dans la démarche
Des forêts ivres accourues
Au rendez-vous de fin des temps
Présence immense aux arches fauves
Des cieux nouveaux de hautes foules
Agenouillées sous les portiques.
Porte secrète, porte altière,
Ultime borne aux cieux de la pensée !
L'homme de mer ayant lancé son don
Sur l'eau verte ses jarres odorantes
Saisit ta clé ruisselante de myrrhe
Porte d'or aux replis immenses
Des franges du créé !

Sur le visage de l'eau verte
L'esprit se marie à la vague
Et la voie marine s'ouvre au vent de la mer !

Porte dure, redoutable mystère
Enfoui dans la chair de ton corps charnel
Création offerte aux sabots des siècles
Ultime départ, flammes des mers, temple neuf !
Ouverture, ouverture aux gorges du roc,

O, porte, porte neuve où succombe l'absurde
Chair chaude, ouverture, lèvres murmurantes
Au-delà du créé, o, couronne royale
Ivre majesté de l'unique
Solitaire, dans l'incendie de ses lumières,

Tourillon ivre sur la baie d'éternité
Porche où la voix succombe aux silences du verbe
Porte, porte d'or close au seuil de l'incréé !

IV

Le temps au zénith est remonté,
Et la nuit se fiance à l'aurore.
Nue dressée dans l'aube écarlate neuve
La création se hisse en son solstice
De rectitude, unité très charnelle
Des vases brisés reconstitués.

La voie aux seins d'éternité renie
Sa part d'ombre, d'apparence illusoire,
Et de mort pour s'immerger dans le lait
Des cieux nouveaux. L'été des mondes éclate,
L'été qui danse sur les eaux premières
Aux noces folles déjà célébrées
Du verbe et du roi, de l'homme en sa terre,
Aujourd'hui consommées dans l'incendie
Du siècle en marche en son éternité.

Eclat pur dans le gouffre de ténèbres
Du coup de fouet final qui a dompté,
Au grand fracas des cathédrales,
Le prince de la nuit, fermé, bouclé
La fosse d'éternelle turpitude.
O, part de mort, déchirements sanglants
De continents évanouis, tonnerres
De l'orage aux yeux écarlates,
O, contestation de la fin des temps,
L'archange brandit son glaive d'azur
Aux initiations de l'Apocalypse.
Au fond du gouffre, l'aboi des démons,
L'écume noire des guerres, des haines
L'immense aveuglement des nuits de sang,
Des âmes mortes, des corps profanés,
Des cités englouties au val renié,
Et ton long cri, agonie de l'enfer.

La voie ouverte aux clés de vie
Triomphe en sa percée d'éternité.
La voie lavée vivante aux évictions
D'étoiles vertes et de tes voix ivres
Ta visitation, peuple de lumière.

V

Pâques, Pâques, o, culbute infinie, o, chute
Riveraine aux orients de la mer extasiée
Trappe ouverte aux ors, aux aurores du désert,
Sursaut de joie, libération du poids des nuits
Des sangs maudits, des oppressions d'opaques morts

O, délivrance de l'esclavage charnel,
Pàques, passage, issue trouvée de la ténèbre,
Et jaillissement sur la grève, o, plénitude
Pluie sur la bouche neuve des roses de feu,
Germination des lys aux gorges nues des mers
O, grande eau extasiée au visage d'Asie,
Ebranlement des murs, déferlement des sangs
Glaive tournoyant et frontière taciturne
Entre deux abîmes et lui-même un abîme
O, tombeau fermé, o, dalle enlevée, naissance,
Entre la nuit et l'aube, peuple de lumière
En ton éternité aux repaires d'amour,
Et pour ta course fauve aux havres, aux rivages
Des temps et des lieux pour tes assouvissements
Le don de ta nourriture et de ton breuvage
O, Pâques, résurrection de l'homme soudain
Délivré de son poids porteur d'offrandes d'ambre
Et libre dans l'infini du songe d'offrir
Ses deux lèvres aux lèvres de l'éternité.

Banquet hanté comme le vent d'une présence
Au songe palpable en la coupe de cristal
Du vin béni sur le visage en ses reflets
De l'homme vermeil dont les lèvres bénissantes
Ruissellent, vivacités sonores du verbe.
Du nom secret d'éternité, banquet hanté
Présence ivre comme le vent du pain azyme
Aphicomane enfoui sous la blancheur des nappes
O, hiérarchies trines rompues du pain des anges.

Du pain azyme offreur de vie dans les tribus
Disséminées du monde, o, salvateur vivant,

O, souvenir d'ivres voyages dans les déserts
D'immémoriales sorties d'Egypte, Israël
Aux cheminements colombes de la lumière.
Peuple des mains nues aux armes contemplatives,
Longues veillées des psalmodies incantatoires,
Ultimes assauts aux triomphes des lumières
Peuple, peuple dressé au-delà de la nuit
Pour la garde et le triomphe des gloires : Pâques.

VI

Voix de l'archange, voix sous le masque des signes,
Dont le cri tue le Dragon, scelle l'huis d'enfer
Voix d'offrande et de puissance, o, vin du désir
Dans la coupe du peuple ruisselant de chants,
Ressuscité des tombeaux d'affres, jaillissant
De sa nuit aux splendeurs, non le viol, de l'amour.

Voix d'enfant qui se lève et danse devant l'arche,
Les cieux s'ébranlent à son cri splendide et nu
Une voix au rappel des âmes enfantines
Ceux pour qui les contes de fées ne sont point mimes.
Pour convoquer ceux qui espèrent le miracle,
Et rechercher ceux qui attendent l'impossible ,
Ceux qui ont foi, ceux qui ont voix et qui gémissent
Ceux qui se tendent vers le soufflet et l'injure
Pour parer le coup qui s'abat sur l'innocent
Ceux qui ouvrent leur veine et qu'on boive leur sang

Aux grandes soifs des dons et qui savent mourir.
Une voix au rappel des âmes enfantines
Des cœurs simples riants et forts comme l'ouragan
Des yeux clairs, des mains d'aube, o, rectitude, o, mer
Pour garder le philtre et le breuvage d'amour,
Une voix d'enfant dansant dans le sang des soirs
Sur les vaisseaux d'espoir, Mer, o, Mer du divin.

O, longue marche au-delà du créé, o, noces
Noces des voix de l'archange Michel, Michel
Aux relevailles de la terre, o, mariage
De la ténèbre et du verbe réconciliés
O, Pâques nouvelles des cieux et de la terre.

L'histoire a retrouvé son sens et sa droiture
Les ultimes voussures ont été franchies
L'aube immense agrandit son œil et les dieux songent
Illusoires et vains sous leurs temples détruits.

Au-delà de la nuit l'aube est annoncée,
Au-delà de la mort surgit l'éternité,
Au-delà du mensonge accourt la vérité,
Et la lumière assaille au-delà des ténèbres
Les citadelles croulantes d'idoles mortes.
O, portiques, o, portiques d'éternité
Vos seuils purs sont franchis aux fauves allégresses
Mûres du sang des vins pourpres aux orients d'or
Pour l'ultime rendez-vous du ciel et des terres.

L'unité, au-delà des ténèbres est amour.
Peuple de lumière, o, convocation royale
Au carrefour des mondes pour l'Eté des peuples

Corps offert au soleil dans l'offrande des seins
L'amour, au-delà des ténèbres est unité.

Voix de l'archange, voix sous le masque des signes.

VII

Œil de l'Archange, aigle regard d'abîme, gloire
Sur l'ivre désir de l'amante abandonnée
Fauve splendide chevelure, o, création
Sur la tête royale couronnée d'écume
Aux solstices du Retour, o, main, o, prodige !
Exaltation au-delà de toute hauteur
Des ailes magnifiées au dur silence clos
De l'épouse évincée retrouvée sur l'époux.

Œil de l'archange en l'odyssée du pur silence
Des cieux et de la terre aux duels disloqués
Des ténèbres, de la lumière, o, jour, o, nuit
Qui enserrez notre danse comme un visage
Les deux mains suppliantes qui le sculptent d'aube
O, figure de proue revenue de l'abîme,
Homme de lumière à l'aube neuve immergé,
Et se dressant sur la vague infiniment haute
Et déferlant sur les plages inaccessibles
Ultime rendez-vous de la bête vaincue
Au signe s'effaçant, au retour de l'archange...

Et la longue marche du peuple renaissant
Vers la colline du printemps des peuples, Mers

Pacifiées pour l'essaim des navires en armes
Au retour du peuple des amants, o, Mémoire
Inscrite sur le Livre écumant de sel, Mers
Exaltées aux cieux neufs du Prince revenu
Et la longue marche de son peuple au-delà
Des frontières et des races et des chapelles
Et des nations et des cités terrestres, peuple
Au-delà de ce que l'œil voit, entend l'oreille
Saisit la main, foule le pied, nomme la bouche,
Au-delà de l'attache, au-delà des limites,
Au-delà de l'idée ou de la créature,
O, Marche au-delà du Désert, o, lieu sans nom
O, Capitale du Silence, Œil de l'archange.

O, Prince revenu pour le festin du Roi,
Pour cet élan fauve implacable des reins ceints
Sépulcres labourés, linceuls à bout de bras
Athlétiques et ceints de lanières de cuir
Au jour du jugement, pour le dépassement
De toutes les peurs et de toutes les limites
De toutes les haines et de toutes les peines
Dans l'envol d'éperviers trouant l'azur d'idoles
O, mortes et déchues de leurs trônes d'ivoire
Au brûlement de l'arme et de la frontière,
O, Prince, Prince très présent et très réel
O, revenant de la prunelle de nos yeux !
Blanc cavalier au glaive écumant de ton sel
O, Vivacité céleste, assomption des chairs
Au jour de tous les morts en leur résurrection
Et cette ruée des peuples vers la colline
De leur résurrection et de leur assomption
O, Prince de victoire, ainsi les cavaliers

Se ruant vers les hauts fourneaux de nos enfers
Pour arracher de nos mains les bombes de mort
Pour déclarer la guerre à la guerre des hommes
Crucifier la haine sur les croix désertées
Nous lancer, enfin, nus aux balances du Juste

Œil de l'archange, o, Prince en tes éternités.

TABLE

La reproduction photomécanique
et l'impression de ce livre ont été effectuées
par l'Imprimerie Bussière
pour les Éditions Albin Michel

Achevé d'imprimer en octobre 1991.
N° d'édition : 11984. N° d'impression : 2742.
Dépôt légal : novembre 1991.